ТЕЛЕЦ
ГОРОСКОП
2024

АНЖЕЛИНА А. РУБИ
АЛИНА А. РУБИ

Издается самостоятельно

Кто такой Телец?

Даты проведения: *20 апреля - 21 мая*

День: *Пятница*

Цвет: *зеленый*

Элемент: *Земля*

Совместимость: *Рак, Дева, Скорпион, Козерог*

Символ: ♉

Режим: *Фиксированный*

Полярность: *Женское начало*

Правящая планета: *Венера*

Дом: *2*

Металл: *Медь*

Кварц: *Розовый кварц, изумруд*

Созвездие: *Телец*

ЛИЧНОСТЬ ТЕЛЬЦА

Тельцы - земной знак, управляемый Венерой, поэтому им свойственна элегантность и утонченность. Тельцы практичны, целеустремленны и обладают большой силой воли. Это стабильные, верные люди. Они любят мир и покой и очень послушны законам и правилам.

Они уважают материальные ценности и избегают долгов. Они несколько неохотно идут на перемены, будучи скорее практичными, чем интеллектуальными, а поскольку им нравится рутина, то они склонны зацикливаться на своих идеях.

Такт для них чрезвычайно важен как в бизнесе, так и в романтических отношениях. Тельцы - очень благоразумный, стабильный знак, обладающий большим чувством справедливости и равенства. Они не склонны сдаваться перед лицом трудностей, а продолжают идти вперед, пока не преодолеют любое препятствие.

Он лоялен и не любит резких и нежелательных перемен. Телец - самый зависимый знак Зодиака. Иногда они могут быть слишком жесткими, спорными, эгоцентричными и упрямыми.

Семья и дом очень важны для Тельца. Телец умен и обладает хорошим чувством юмора, что делает его человеком с прекрасными социальными навыками.

Они прекрасно умеют распоряжаться деньгами, поэтому все счета будут оплачены вовремя, и в то же время им удастся сделать сбережения. Профессии этого знака зодиака - сельское хозяйство, кулинария, медицина, образование, строительство.

Тельцу свойственно быть спокойным большую часть времени, порывистым и даже жестоким, когда он расстраивается, как и олицетворяющий его Бык.

Представители стихии Земли практичны, упорядочены, трудолюбивы, амбициозны, серьезны и прагматичны. Они любят удовольствия жизни, роскошь, хорошую еду и напитки. Правда, при этом они должны стараться не поддаваться соблазну удовлетворить эти вкусы в избытке.

Тельцы всегда стремятся к стабильности и безопасности во всем, что делают, в любой сомнительной ситуации они всегда тщательно обдумывают и анализируют каждую из возможностей и, убедившись в правильности решения, действуют.

обдумывают и анализируют каждую из возможностей и, убедившись в правильности решения, действуют.

Общий гороскоп для Тельца

Уран будет находиться в Вашем знаке весь год, а с 2024 года соединится с Юпитером. Сочетание Урана и Юпитера благоприятно для развития проектов и использования возможностей, которые принесут Вам много пользы.

В начале года в Вашем знаке будет много позитивных энергий, что позволит Вам почувствовать себя обновленным. Однако этот энтузиазм может сделать Вас нетерпеливым.

Вы будете стремиться к успеху, но могут быть месяцы, когда вы будете чувствовать себя беспокойно и напряженно.

Внешние раздражители могут прервать ваш рабочий процесс. Иногда Вы будете чувствовать себя немотивированно и терять интерес к работе. Вы также можете запутаться, какой путь выбрать.

В 2024 году Вы можете столкнуться с ситуациями, в которых Ваши эмоции и чувствительная натура будут мешать Вам обрабатывать информацию, что затуманит Ваши умственные процессы и повлияет на Ваши рассуждения.

Вы должны быть очень внимательны к людям, с которыми общаетесь в повседневной жизни. Старайтесь быть добрыми к ним, но не допускайте, чтобы рядом с вами были токсичные люди.

Если вы хотите начать новый бизнес в этом году, то лучше всего сделать это до апреля. В первой половине года Вы также сможете в полной мере воспользоваться плодами зарубежных связей.

После 1 мая Юпитер войдет в Ваш знак Зодиака и, обратив внимание на седьмой, пятый и девятый дома, усилит эти дома и укрепит Вашу способность принимать решения, что даст Вам желаемые результаты в бизнесе и порадует Вас успехами в делах. В этом году Вы также можете привлечь к бизнесу своего спутника жизни.

В этом году Вы можете пережить несколько хаотичных моментов, не смиряйтесь с поражением, не отказывайтесь от своей уверенности и смелости. В некоторые моменты Вы можете почувствовать себя потерянным и даже отверженным, сделайте шаг назад, проанализируйте, что не так, и двигайтесь дальше.

Любовь

Если у вас есть партнер, вы будете чувствовать себя счастливым в ваших отношениях. Однако могут возникнуть некоторые сомнения или инциденты из прошлого, которые могут помешать вашему счастью.

Если вы ищете партнера, то должны помнить о своем прошлом опыте, который преподнес вам важные уроки. Они помогут вам выбрать правильный путь.

В своих отношениях вы должны воспитывать терпение и терпимость, только так вы сможете испытать настоящую любовь. Различия могут отойти на второй план, если вы терпеливы в любви.

Время от времени в течение нескольких месяцев года в ваших отношениях могут возникать моменты неопределенности, но эти ситуации улучшаются сами собой.

Если вы ищете любовь, то май принесет вам хорошие новости. Влияние Юпитера может способствовать предложениям. Вы можете встретиться и перевести отношения в долгосрочные обязательства, например, в брак.

Следует быть терпеливым к партнеру при принятии решений, касающихся его личной жизни, и избегать вмешательства третьих лиц.

Этот год также отмечен этапами, когда будет наблюдаться недостаток сексуальной близости, агрессивные реакции, что означает сложности в отношениях.

Это может означать, что вы на подсознательном уровне работаете над старыми проблемами и блоками, пытаетесь укрепить свои эмоциональные связи, чтобы чувствовать себя более комфортно в отношениях.

В периоды Полнолуния прочные любовные отношения могут укрепляться, а ненадежные - разрушаться.

В периоды ретроградного Меркурия возможно обострение существующих любовных проблем.

Экономика

В этом году Вы будете сосредоточены на своей профессиональной стабильности и росте. Сатурн в Водолее подтолкнет Вас к дисциплинированному и стратегическому подходу к своей профессиональной деятельности.

2024 год благоприятен для постановки долгосрочных целей, оттачивания мастерства и построения прочной структуры своего будущего, так как Юпитер будет проходить по вашему знаку до конца мая 2024 года.

Транзит Юпитера по вашему знаку предоставит вам много возможностей в профессиональной сфере. Этот транзит побудит Вас выйти из зоны комфорта и открыть для себя новые горизонты.

В течение большей части 2024 года Плутон будет проходить транзитом через Вашу карьерную зону, что заставит Вас стремиться взять себя в руки и расширить свои возможности. В профессиональном плане Вас могут воспринимать как силу, а это означает, что Ваша способность добиваться успеха будет обусловлена Вашей силой воли. Возможно, Вы также возьмете на себя больше обязанностей, но будем надеяться, что Вы сможете их выполнить, справившись с ними.

Вы проживете прекрасный год в своей профессиональной деятельности. Вас ждут благословения, и Вселенная распахнет перед Вами свои объятия. Вы получите новые знания и рассмотрите различные варианты заработка.

Ваша экономика будет улучшаться, но при этом существует вероятность того, что ваши расходы будут расти. Если вы не научитесь контролировать ненужные расходы, ваша экономика может пострадать.

В этом году источники ваших доходов увеличатся, и общее финансовое состояние будет крепким с начала года по май.

Вы получите большую отдачу от инвестиций, а ваши усилия на работе будут эффективны для укрепления вашего финансового положения. Для ведения бизнеса вы будете использовать цифровые средства.

У Вас появится возможность заняться каким-либо проектом в партнерстве с другими людьми, но Вы должны быть очень осторожны в этом решении. Не принимайте поспешных решений, так как Вас могут обмануть, партнерство может распасться, а дело провалиться.

Здоровье Тельца

Вы должны внимательно относиться к тому, что вы едите. Очень важно придерживаться плана питания, рекомендованного специалистом. Не следует принимать лекарства без консультации врача.

Необходимо регулярно заниматься спортом, избегать курения и чрезмерного употребления алкоголя.

Вы должны бережно относиться к своим зубам. Те неприятные ощущения, которые Вы испытываете, не являются естественными, и лучше позаботиться о них, посетив стоматолога, чтобы сохранить свою улыбку сияющей.

Ваше психическое здоровье требует внимания. Вы можете быть физически сильным, но ваше эмоциональное и психическое здоровье также важно.

Женщины-Тельцы могут столкнуться с гормональными проблемами.

Вирусные заболевания могут проявляться вновь, осложняя вашу жизнь, поэтому при необходимости немедленно обратитесь за медицинской помощью.

Хорошую релаксацию можно получить, занимаясь йогой и медитацией.

Семья

Ваша семейная жизнь в этом году будет складываться прекрасно. Все нерешенные конфликты будут разрешены, и в Ваш дом вернется атмосфера мира и счастья.

Между членами вашей семьи сохранится любовь, будет существовать солидарность.

После первого квартала года вероятен переезд. Вам следует позаботиться о здоровье своих родителей и уважать их, если они еще живы. С их благословения Вы будете продвигаться по жизни.

Одиночки могут обручиться, а семейные пары в течение этого года укрепят свои узы. В последние три месяца года из-за вашей самоуверенности недоброжелатели будут пытаться навредить вам и помешать семейному счастью, поэтому в это время нужно быть внимательным.

Важные даты

- ***27 января Уран*** *завершает свое ретроградное движение в Тельце Уран предложит необычные способы поиска смысла и значения вашей жизни.*

- ***19 апреля Солнце переходит в знак Тельца.*** *Пришло время сбавить обороты, укрепить свой график и подумать о том, на что вы действительно хотите потратить свое время.*

- ***29 апреля Венера переходит в знак Тельца.*** *Роскошь - это хорошо, но на данном этапе главное - это удовольствие. Попробуйте побаловать себя и потакать своим прихотям. Есть много прекрасных вещей, которые можно получить бесплатно. Этот транзит Венеры принесет Вам успех в юридических делах.*

- ***7 мая, Новолуние в Тельце,*** *это прекрасное время для нового начала, поиска новых возможностей и начала иного пути. Юпитер благоприятствует любому новому делу.*

- ***15 мая Меркурий переходит в знак Тельца.*** *Вы сможете общаться в более практичной* манере, у вас появится способность к концентрации.

- ***Марс в вашем знаке с 9 июня по 20 июля.*** *Когда Марс проходит по Вашему знаку, это время большой энергии и энтузиазма. Вы должны использовать новые возможности и действовать быстро. Марс проходит по знаку только раз в два года, поэтому используйте эту возможность по максимуму. Пришло время начать новую главу в своей жизни.*

- ***Полнолуние в вашем знаке 14 ноября.*** *Эта Луна может принести завершение отношений или успех какой-то бизнес-идеи. Вы будете получать вознаграждения и чувствовать эмоциональную заинтересованность в том, что вы делаете.*

Гороскопы на месяц для Тельца на 2024 год

Январь 2024 г.

В этом месяце Вы можете стать более застенчивым или замкнутым. Вы будете стремиться к более сдержанной и интимной жизни вместо массовых социальных контактов. Важно, чтобы Вы не изолировали себя слишком сильно, не развивали в себе чувство вины и подавленности за совершенные ошибки. Существует тенденция возлагать на себя ответственность за все, что с Вами происходит, в том числе и за то, что происходит с другими. Развивайте позитивные мысли и ищите общения с лучшими друзьями.

Если у Вас есть семейный конфликт, то в этом месяце Вы должны его устранить, так как это человек, с которым Вы должны видеться очень часто, кроме того, он легко разрешим, если Вы оба сядете и честно поговорите об этом.

Остерегайтесь кишечных расстройств из-за нервозности и отсутствия разрядки напряжения. Вы также можете страдать от бессонницы из-за чрезмерной умственной работы и переживаний. В этом месяце у Вас будут деликатные моменты, так как, возможно, Вы подавляете свои чувства или мысли, и это вызывает головную боль. Подавление - это нехорошо, так как заставляет Вас скрывать то, что должно выйти из головы.

Это прекрасный период для начала нового этапа в Вашей жизни, и Вы обратили внимание на подаваемые Вам знаки. Вполне вероятно, что у Вас возникла идея уехать в другую страну жить, учиться или работать.

Трудности помогают нам расти. Падать полезно, потому что это делает вас сильнее.

Счастливые числа

17 - 19 - 29 - 31 - 33

февраль 2024 г.

В этом месяце Вы почувствуете прилив положительной энергии, которая поможет Вам решить все Ваши проблемы, потому что удача будет на Вашей стороне. На самом деле, удача будет порождена Вашим энтузиазмом и оптимизмом.

У вас будет желание работать, и на вашем лице всегда будет улыбка.

Ваша жизнь вступает в период общего расширения и роста, особенно активизируется ваша социальная жизнь, что приведет к тому, что вы будете окружать себя более влиятельными и могущественными людьми.

Если у Вас есть какие-либо судебные или юридические процессы, то они разрешатся благоприятно. Вы почувствуете стремление к новым впечатлениям и начнете разрабатывать проекты путешествий, которые, возможно, состоятся в конце этого года.

Это отличный месяц для новой любви, если некоторое время назад вы пережили какую-то тревожную ситуацию и испытываете опасения по поводу того, стоит ли любить снова, то можете забыть об этих страхах.

У тех, кто уже давно состоит в отношениях, будет отличный месяц рядом с любимым человеком, воспользуйтесь этим импульсом, чтобы исследовать страсть между вами и отдаться ей полностью.

В вашей жизни появится особенный человек, который сделает вам деловое предложение.

Любую незаконченную работу вы должны стремиться завершить.

Вы можете страдать хроническими заболеваниями желудка, поэтому следите за своими пищевыми привычками.

Если Вы студент, то в этом месяце на Вашем пути могут возникнуть препятствия, которые помешают Вашему успеху в учебе.

Будьте осторожны при управлении автомобилем, так как существует опасность аварий.

Счастливые числа
2 - 17 - 18 - 28 - 35

март 2024 г.

Тем, кто состоит в паре, следует постараться немного успокоиться, прежде чем начинать спор, так как он может перерасти в драку.

Вредно увлекаться гневом во время ссор, не становитесь жертвой отсутствия контроля.

Не обязательно всегда быть правым в споре, иногда нужно подумать, отступить, проанализировать, хочет ли другой человек быть правым. Если это так, позвольте ему победить, это не станет для вас чем-то убийственным.

Не позволяйте страхам мешать Вам встретить кого-то особенного в этом месяце, помните, что всегда есть место для любви и для того, чтобы быть с человеком, который может дать Вам все самое лучшее.

Если Вы давно хотели узнать что-то важное, то в этом месяце это произойдет. В этот день появятся и раскроются некие откровения, не забывайте, что так будет всегда, нет такой лжи, которая могла бы долго скрываться, и нет такого лжеца, который не попался бы в ее ловушки.

Помните, что вы должны любить то, что делаете, и если вы понимаете, что ваша работа не удовлетворяет вашу душу, вы должны начать наметить пути поиска новой профессии. Начинать нужно с маленьких шагов.

Человек, недавно вошедший в вашу жизнь, хочет стать гораздо ближе к вам, скорее всего, ему пришлось набраться смелости, чтобы заговорить с вами или пригласить вас, если он это сделал, не отказывайте ему сразу.

Тот, кто должен вам деньги и будет просить отсрочку, если вы можете ее предоставить, не торопите его с долгом.

Счастливые числа
12 - 15 - 19 - 21 - 33

апрель 2024 г.

В этом месяце Вы получите приглашение поделиться впечатлениями с группой друзей, которых Вы давно не видели, и это будет замечательный день с ними, если Вы решите его принять. Вам необходимо больше общаться с теми, кто всегда был рядом с Вами.

Деньги будут присутствовать в вашей жизни, если же их нет, то следует искать способы дополнительного заработка, так как это особый месяц для этого.

Если у Вас есть свой бизнес, то в этом месяце прогнозируется большая прибыль, возможны впечатляющие результаты в сделке, которую Вы заключили некоторое время назад.

У Вас есть возможность встретить любимого человека, но Вы очень мало покидаете свой дом. Вы общаетесь с теми же людьми, что и всегда, важно, чтобы Вы осмелились переступить через барьер, Вы должны быть смелым, особенно в любви.

Вполне вероятно, что ваши отношения стали немного поглощать вас обоих, поэтому важно, чтобы вы вернулись к общению с любимыми людьми и своими семьями. Нет необходимости постоянно быть вместе.

У некоторых людей может сложиться о вас плохое мнение, которое, возможно, не причинит вам вреда, но со временем нанесет ущерб вашей репутации.

Важно, чтобы вы начали менять эту ситуацию, не обязательно, чтобы вы слишком старались, но важно, чтобы вы прояснили некоторые слухи, которые были сказаны о вас.

Счастливые числа
2 - 7 - 10 - 23 - 35

май 2024 г.

Если вы начали знакомиться с человеком, вам следует быть очень терпеливым. Не обязательно разговаривать каждую минуту в течение дня, не обязательно видеться каждый миг.

Не стоит всегда сравнивать себя с другими людьми, помните, что вы светите своим собственным светом, и у вас есть свой собственный, правильный путь.

Вероятно, Вы начинаете испытывать слишком сильное давление со стороны начальства на работе, поэтому важно успокоиться и не впадать в отчаяние. Хотя Вам не обязательно менять работу, Вы можете рассмотреть этот вариант, пока не стало слишком поздно. Со временем эти трудности могут усилиться.

Не относитесь к жизни так серьезно, много раз мы должны совершать ошибки, вы должны больше рисковать ради целей, которых вы хотите достичь, не упускайте возможности сделать что-то смелое.

Если у вас есть кто-то на примете, но вы не решаетесь заговорить с ним или подойти к нему, наберитесь смелости и пригласите этого человека на свидание, не стоит всегда ждать, пока другой человек сделает первый шаг, вы можете сделать его первыми.

Время от времени удобно заглядывать в будущее, наверняка у вас есть много планов, которые вы сможете реализовать, если поставите перед собой цели.

Вы заслуживаете хорошего, поэтому очень важно, чтобы вы начали уделять больше внимания шагам, которые необходимо предпринять для достижения своих целей, помните, что только правильный анализ предпринимаемых нами шагов может обеспечить успех, потому что только так мы можем уменьшить количество ошибок.

Питье воды каждое утро оживляет организм.

Не прекращайте инвестировать в свой дом, если вам необходимо сделать ремонт или поменять какой-либо прибор, который плохо работает, не упустите этот месяц.

Счастливые числа

7 - 20 - 26 - 27 - 28

июнь 2024 г.

Если Вы состоите в отношениях, то в этом месяце Вам предстоит сделать нечто очень важное: постараться оформить эти отношения, если Вы еще этого не сделали. Это идеальный месяц для того, чтобы предложить другому все, чем вы являетесь и что у вас есть, не бойтесь сделать этот шаг.

Начните вносить позитивные изменения в свои отношения с коллегами по работе, вы не ладите с ними. Вероятно, Вам нужно быть немного активнее на работе, чтобы произвести лучшее впечатление. Работа также нуждается в риске; Вам следует осмелиться больше говорить и высказывать свои идеи.

Денег в мире не хватает, мы живем в условиях инфляции. Это означает, что необходимо искать новые способы получения прибыли, даже если это может показаться трудновыполнимым, всегда можно придумать новые идеи.

Очень дорогой человек сделает вам прекрасное предложение, воспользуйтесь тем, что он вам предлагает, потому что у него есть для этого средства и он протягивает вам руку помощи с самыми лучшими намерениями.

Это прекрасный месяц для любви и знакомства с прекрасным, что предлагает вам жизнь, поэтому вы будете здоровы во всех смыслах.

Любовь очень важна для человека, не упускайте возможность быть незаменимым для другого человека, не переставайте верить в того, кто обращается к вам с желанием быть рядом с вами. Не всегда вам будет дана возможность разделить с кем-то свою жизнь, это трудно найти.

Будьте осторожны при предоставлении и заимствовании денег. Прежде чем идти на риск, рекомендуется обратиться за советом.

Для рекламы или продвижения своей работы следует использовать социальные сети, так как это поможет улучшить вашу репутацию в этом месяце.

Возможны также успешные тендеры и проекты.

Счастливые числа
10 - 11 - 15 - 24 - 32

июль 2024 г.

Месяц, чтобы вернуться к истокам своей жизни и обнаружить, что есть вещи, которых вы хотели, но не достигли.

В течение этого месяца Вы можете столкнуться с трудностями. Этот период благоприятен для исследований и получения новых знаний.

Соблюдение сбалансированной диеты будет способствовать укреплению здоровья и повышению жизненного тонуса.

Приглашение в парк или на чашечку кофе с человеком, с которым вы знакомитесь, может стать хорошим способом лучше узнать друг друга, не упускайте такой возможности.

Близкий друг хочет встретиться с Вами, но у Вас много дел, попробуйте договориться о новой встрече на другое время, Вы не можете оставить без внимания людей, которые Вам дороги.

В этом месяце Вы отбросите чувство вины, которое доставляло Вам головные боли. Это связано с тем, что Вы начинаете мыслить более позитивно и не принимаете на себя ответственность за все, что происходит вокруг Вас.

Не позволяйте чувствам других влиять на Вас, Вы должны быть защищены от того, что думают о Вас другие.

Если кто-то высказывает конструктивную критику, прислушайтесь к ней, но только если это человек, который хорошо вас знает.

В конце месяца ваши любовные отношения будут наполнены страстью и романтикой, вдохновляя на новые мечты о будущем.

Ваше финансовое состояние улучшится. Прежде чем рассматривать вопрос о приобретении жилья, рекомендуется обратиться за советом. Если речь идет о бизнесе, старайтесь тщательно подходить к значительным инвестициям и не принимать импульсивных или поспешных решений.

У вас могут быть проблемы с глазами и кожей. Следите за артериальным давлением и мигренью.

Счастливые числа
3 - 4 - 5 - 6 - 30

август 2024 г.

Отличный месяц между вами и человеком, с которым вы знакомитесь, начните задавать правильные вопросы, чтобы узнать его гораздо лучше, и вы удивитесь, как много у вас общего.

Любовь из прошлого может послать вам сообщение в этом месяце, но вы уже находитесь мыслями в другом месте, ваше сердце бьется для кого-то другого, ответьте вежливо, если это человек, который не сделал вам ничего плохого, если же ситуация обратная, не впускайте его или ее обратно в свою жизнь.

Если вы давно состоите в отношениях и у вас были конфликты, то в этом месяце вас ждет момент страсти, который заставит вас забыть о случившемся. Интимная близость в паре очень важна и может помочь забыть о трудностях.

В этом месяце у Вас появится склонность к экстрасенсорике и мистике. Возможно, Вы захотите почитать об этих предметах или посетить лекцию, прочитанную человеком, сведущим в этих областях.

Телепатическая связь будет достигать вас. Не удивляйтесь, если несколько раз во время разговора вы и другой человек одновременно произнесете одну и ту же фразу. Вы также можете ощутить сильную связь с людьми из прошлого.

Ваше рабочее место может быть нестабильным или давать неоднозначные сигналы о работе изо дня в день.

Остерегайтесь пустых обещаний в социальных сетях. Они не являются тем, за что себя выдают.

Необходимо по-новому взглянуть на долги. Если есть возможность, погасите их полностью или начните реже пользоваться картами.

У Вас могут возникнуть ненужные расходы, которые могут повлиять на Ваши сбережения. Вам следует быть осторожным с любыми инвестициями, особенно в недвижимость, так как ваши иллюзии могут затуманить вашу способность принимать решения.

Счастливые числа
1 - 15 - 20 - 27 - 34

Сентябрь 2024 г.

В этом месяце Ваше воображение будет бурно развиваться. Ваш интерес к мистическим и метафизическим темам достиг своего апогея, и Вы можете обнаружить себя бродящим по книжным магазинам "Нью Эйдж".

Запланируйте поездку, если это возможно, и присоединитесь к группе медитации. Поток со Вселенной.

Вам предстоит интересный денежный месяц. Это может быть удача, так что будьте внимательны к новым возможностям заработать и получить деньги.

Возможно, вам нужны перемены. Многие важные мысли обретают форму. Вы находитесь на ранней стадии зарождения идеи и ее воплощения в реальность. Вы начинаете трансцендентную фазу, цикл проявления. Не позволяйте страху или неудаче одолеть Вас в это время.

Вы будете общаться с важными людьми. Это даст вам преимущество на рабочем месте. Вы сможете стать связующим звеном между различными личностями и точками зрения. Эти навыки могут пригодиться.

Когда мы в паре начинаем упускать какие-то моменты из-за спешки или по невнимательности, между участниками отношений возникает разлад. Молчание грозит завладеть вашим домом, и настало время исправить эту ситуацию.

Если у вас нет партнера: Что отличает Вас от других людей, которые ищут того, кто Вам интересен? Многое. Первое - это то, что Вы даете ему пространство и время, за что он Вас благодарит. И второе - то, что заставит его/ее принять решение в пользу Вас, - это то, что Вы хороший слушатель.

В этом месяце следует внимательно следить за своим артериальным давлением, состоянием щитовидной железы и диабетом. Выделите время для прогулок и занятий йогой, чтобы поддержать общее состояние здоровья.

Счастливые числа

2 - 5 - 8 - 17 - 23

октябрь 2024 г.

Если у вас есть партнер, вы должны помнить, что, хотя есть пространство, которое принадлежит вам обоим, вы должны делать то, что принадлежит каждому из вас. И последнее необходимо уважать. Каждый должен иметь право на личную жизнь и тайны. Вы не можете и не должны знать все о своем партнере. Доверие заключается в том, чтобы делиться своей жизнью, но не в том, чтобы не иметь личной жизни.

Если у вас нет партнера, то вам придется умерить этот экспансивный и экстравертный путь, потому что вы не позволяете человеку, которого хотите завоевать, вдохнуть глоток вашей любви.

Из-за неблагоприятного планетарного влияния вы можете столкнуться с отвлекающими факторами во время учебы.

Следует обратить внимание на ноги, нервы и спину. Кроме того, избегайте употребления нездоровой пищи,

Если вам не нравится то, что вы видите перед зеркалом, нужно меньше жаловаться и больше делать. Это простое правило: беспокойство не прибавляет сил, а забота - прибавляет. Поэтому двигайтесь и делайте то, что вам нужно. Ходьба хотя бы по 30 минут раз в два-три дня способна сотворить чудо, в котором вы так нуждаетесь.

В доме могут возникнуть серьезные проблемы, или вы можете столкнуться с противостоянием и враждой со стороны одного из членов семьи.

Вы можете ощущать беспокойство и общую неудовлетворенность дома, что приведет Вас к поиску уединения. Вы почувствуете необходимость иметь место для отдыха и ощутите себя более комфортно в уединении.

 Существует опасность потерять стабильность из-за проблем с ипотекой или долгами.

Ваше здоровье может ослабнуть. Вам следует отдыхать и правильно питаться, чтобы не снижать уровень энергии. Вероятно, организм будет испытывать недостаток минеральных веществ, особенно кальция. Также следует позаботиться о состоянии кожи и скелета.

На рабочем месте могут возникать запутанные проблемы и недоразумения. Проблемы, связанные с завистью и сплетнями. Разочарование в начальстве или коллегах по работе.

Опасность интоксикации напитками или лекарствами. Аллергические реакции.

Счастливые числа
8 - 9 - 29 - 33 - 34

ноябрь 2024 г.

Месяц большой активности. Вы будете склонны действовать импульсивно и энергично, искать решения каждой своей проблемы и пытаться успеть сделать все одновременно.

Это может привести к повышению тревожности и агрессивности.

После первой недели месяца вы будете в идеальной форме, чтобы организовать свои задачи и себя.

Попытки завязать отношения в этом месяце могут оказаться сложными. Благоприятны экспериментальные и неинтимные отношения. Отношения, которые были сложными, могут закончиться в этом месяце. Однако крепкие отношения сохранятся, даже если на их пути будут возникать препятствия.

Этот период благоприятен для переоценки своих потребностей в отношениях, но важные любовные решения оставьте на следующий месяц.

В сфере финансов и бизнеса необходимо преодолевать необоснованные амбиции. Вам лучше отказаться от предложений стать партнером в новом бизнесе. Звезды советуют Вам действовать очень взвешенно.

Не только постоянные усилия и ваш интеллект помогут вам добиться успеха в 2024 году на рабочем месте.

Вы должны научиться работать с другими людьми и ценить тот вклад, который они вносят в вашу работу. Изучение опыта других будет наилучшим способом продвижения вперед. В конце месяца будет идеальным для того, чтобы попросить о повышении зарплаты или поискать новые возможности.

Счастливые числа
6 - 14 - 18 - 21 - 26

декабрь 2024 г.

В этом месяце Вы с удовольствием выслушаете мнения и точки зрения других людей, и это отличный цикл для того, чтобы сделать это. Другие могут стимулировать Ваше мышление и методы принятия решений.

Вы уже спекулировали деньгами и знаете, как действовать, чтобы ваши деньги росли. Вы не возражаете против тестирования и корректировки, пока не найдете оптимальную формулу. Так вы заработаете еще больше денег. Вы достигнете высокого экономического уровня, и ваша жизнь изменится.

Деньги будут приходить к вам разными путями. Вам понравится инвестировать и зарабатывать деньги. Не забывайте откладывать деньги на случай, если наступят плохие времена.

Постарайтесь сохранять спокойствие и спокойную тревогу, ведь это будет месяц перемен и долгих размышлений, нельзя прерывать свой этап преобразований стрессом.

Те, у кого нет партнера, осознают, насколько важна семья. Проблемы прошлого начнут уходить в прошлое, а споры между братьями и сестрами будут разрешаться, особенно для тех, кто долгое время был оторван от семьи.

Друзья будут немного отдаляться.

Для тех, у кого есть партнер, наступят позитивные для отношений дни. В течение этого месяца у Вас будет много забот, связанных с подготовкой к празднованию Рождества и Нового года.

Вы поймете, что в течение предыдущих месяцев ошибались в некоторых решениях, но если из-за этого впадете в депрессию, будет еще хуже. Вы должны повзрослеть, возмужать, решиться изменить свой образ жизни и принять более твердые решения, чтобы достичь своих целей в следующем 2025 году.

В бизнесе необходимо доверять своей интуиции и перестать чувствовать себя побежденным из-за мелких неудач.

Успех в финансах в этом месяце поможет Вам получить необходимый доход для реализации личных проектов, которые будут успешными в наступающем году.

Счастливые числа
1 - 6 - 13 - 26 - 33

Карты Таро - загадочный и психологический мир.

Слово Таро означает "королевская дорога", это тысячелетняя практика, точно неизвестно, кто придумал карточные игры вообще и Таро в частности; в этом смысле существуют самые разноречивые гипотезы.

Одни говорят, что они возникли в Атлантиде или Египте, другие считают, что таро пришли из Китая или Индии, из древней страны цыган или попали в Европу через катаров. Но факт остается фактом: в картах таро переплетается астрологическая, алхимическая, эзотерическая и религиозная символика, как христианская, так и языческая.

Еще недавно при слове "таро" некоторые люди представляли себе цыганку, сидящую перед хрустальным шаром в комнате, окруженной мистикой, или думали о черной магии или колдовстве, но сегодня ситуация изменилась.

Эта древняя техника адаптируется к новым временам, она вошла в технологию, и многие молодые люди испытывают к ней глубокий интерес.

Молодые люди изолировали себя от религии, поскольку считают, что не найдут там решения того, что им нужно, они осознали двойственность этого, чего не происходит с духовностью. В социальных сетях можно найти аккаунты, посвященные изучению и гаданию на таро, поскольку все, что связано с эзотерикой, модно, более того, некоторые иерархические решения принимаются с учетом таро или астрологии.

Примечательно, что не те предсказания, которые обычно связаны с таро, являются наиболее востребованными, а те, которые связаны с самопознанием и духовным консультированием.

Таро - это оракул, с помощью его рисунков и цветов мы стимулируем нашу психическую сферу, ту внутреннюю часть, которая выходит за пределы естественного. Многие люди обращаются к таро как к духовному или психологическому путеводителю, поскольку мы живем в неопределенные времена, и это толкает нас на поиски ответов в духовности.

Это такой мощный инструмент, который конкретно рассказывает о том, что происходит в вашем подсознании, чтобы вы могли воспринять это через призму новой мудрости.

Карл Густав Юнг, известный психолог, использовал символы карт Таро в своих психологических исследованиях. Он создал теорию архетипов, в которой обнаружил обширную сумму образов, помогающих в аналитической психологии.

Использование рисунков и символов для обращения к более глубокому пониманию часто применяется в психоанализе. Эти аллегории являются частью нас, соответствуя символам нашего подсознания и нашего разума.

В нашем бессознательном есть темные области, и когда мы используем визуальные техники, мы можем добраться до различных его частей и раскрыть неизвестные нам элементы нашей личности. Когда вы сможете расшифровать эти послания с помощью изобразительного языка Таро, вы сможете выбирать, какие решения принимать в жизни, чтобы создать ту судьбу, которую вы действительно хотите.

Таро с его символами учит нас тому, что существует иная Вселенная, особенно в наше время, когда все так хаотично и всему ищут логическое объяснение.

Правосудие, карта Таро для Тельца на 2024 год

Уравновешенный ум, равенство, здравый смысл в решениях, мир, гармония, умеренность, законность, справедливый способ ведения дел.

Он символизирует урожай нашего посева, и качество урожая будет зависеть от того, какие действия мы посеяли в прошлом.

В Вашей жизни наступает переходный период, когда Вы намерены принимать решения, начинать новые проекты и открывать для себя новый опыт или вещи. Это позволит Вам начать год с новыми перспективами на будущее, которыми Вы должны воспользоваться.

Новые возможности в вашей жизни. Она предвещает встречу с человеком, который разделяет с Вами общие интересы. Вы очень харизматичный человек, пользующийся большим признанием благодаря своей профессии и добрым делам.

Сейчас, как никогда, вы являетесь хозяином своего выбора или решения, научитесь различать, что действительно принесет вам пользу, а что - только страдания и переживания. Если вы пошли по неправильному пути или выбрали "не то", не жалуйтесь потом.

Освободитесь от тех ментальных привязок, которые не позволяют вам сделать шаг вперед в ваших проектах.

Обратитесь за эмоциональной, духовной поддержкой к близким людям. Пришло время оставить стыд в стороне. Жизнь одна, и каждую секунду, которая проходит, уже не вернуть.

Руны года 2024

    Руны - это набор символов, образующих алфавит. Слово "руна" означает "тайна" и символизирует шум столкновения одного камня с другим. Руны - это древний провидческий и магический метод.

    Руны не служат для точных предсказаний, но они служат для того, чтобы подсказать вам будущее событие, предмет или решение.

    Руны имеют конкретное значение для того, кто хочет его получить, а также некое послание, связанное с невзгодами, возникающими в жизни.

Nauthiz, руна Тельца 2024

Этот рубин говорит о том, как важно понять, в какой точке застопорился ваш внутренний рост, потому что только тогда вы сможете привести себя в равновесие.

Он указывает на то, что Вам предстоит пройти через большие трудности, поэтому будьте готовы действовать с терпением, чтобы преодолеть то, с чем Вам предстоит столкнуться.
Не поддавайтесь критике и чужому мнению.
Вам есть над чем работать внутри себя, сосредоточьтесь на позитивном и будьте настойчивы, потому что только так Вы сможете восстановить свою гармонию или хотя бы равновесие.

Приходится чем-то жертвовать, чтобы получить большее благо, оплатить кармические долги, устранить повреждения. Эта руна связана с Сатурном - планетой, которая в астрологии символизирует испытания, структуры и ограничения. Сатурн - великий властелин времени, требующий терпения, дисциплины и контроля.

Не надо бояться встретиться с болезнью, если вы чувствуете дискомфорт, посмотрите в лицо своему страху и посетите кабинет врача.

Рекомендуется пройти определенную терапию, которая поможет устранить ментальные блоки, препятствующие достижению успеха.
У каждого из нас есть страхи или чувство вины, которые мы скрываем, но которые в конечном итоге не позволяют нам двигаться вперед. Освободите себя.

.

Удачные цвета

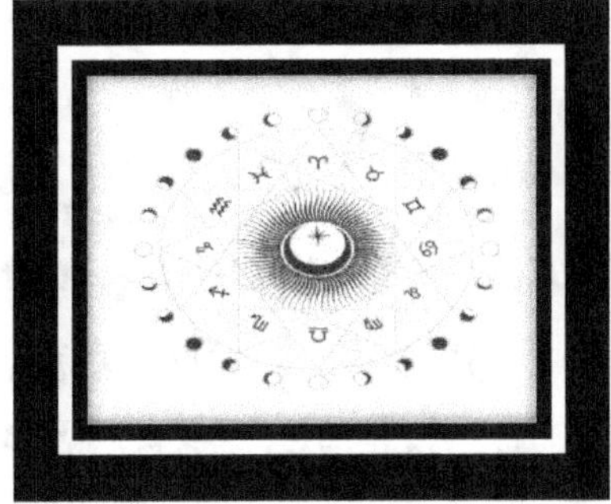

Цвета оказывают на нас психологическое воздействие: они влияют на нашу оценку вещей, мнение о чем-то или о ком-то, могут использоваться для принятия решений.

Традиции встречи нового года в разных странах различны, и в ночь на 31 декабря мы подводим итоги всего позитивного и негативного, что было в уходящем году. Мы начинаем думать о том, что нужно сделать, чтобы изменить свою удачу в новом году.

Существует несколько способов привлечь к себе положительные энергии при встрече нового года, и один из них - надеть или носить аксессуары определенного цвета, привлекающего то, что мы желаем в наступившем году.

Цвета несут энергетический заряд, влияющий на нашу жизнь, поэтому всегда рекомендуется встречать год, одетым в цвет, *привлекающий энергии того, чего мы хотим достичь.*

Для этого существуют цвета, которые положительно вибрируют с каждым знаком Зодиака, поэтому рекомендуется носить одежду того оттенка, который будет способствовать привлечению процветания, здоровья и любви в 2024 году. (Эти цвета можно использовать и в остальное время года для важных событий или для того, чтобы сделать ваши дни более насыщенными).

Помните, что, хотя чаще всего принято носить красное белье для страсти, розовое - для любви, а желтое или золотое - для изобилия, никогда не будет лишним включить в свой наряд тот цвет, который наиболее выгоден нашему знаку зодиака.

ТЕЛЕЦ

Коричневый

Ключевые слова коричневого цвета: *твердость, реализм, благоразумие, плодовитость.*

Коричневый - цвет Земли.

Этот цвет приносит чувство защищенности и отгоняет неуверенность.

Однако это связано и с эмоциональной ограниченностью и страхом перед внешним миром, а также со сложностью объективного взгляда в будущее.

Коричневый цвет обычно связан с недостатком самоуважения или недостатком знаний о себе. Коричневый цвет приносит большое равновесие, его используют в терапии для помощи неуверенным и нестабильным людям, поскольку он передает человеку чувство защищенности. Он символизирует людей, обладающих навыками в экономических вопросах, таких как инвестиции на фондовом рынке или управление бизнесом.

ТАЛИСМАНЫ НА УДАЧУ

У кого нет счастливого кольца, цепочки, которая никогда не снимается, или предмета, который он не отдал бы ни за что на свете? Все мы наделяем принадлежащие нам вещи особой силой, и этот особый характер, который они принимают для нас, делает их магическими предметами. Чтобы талисман мог действовать и влиять на обстоятельства, его обладатель должен верить в него, и тогда он превратится в необыкновенный предмет, способный выполнить все, что от него требуется.

Обычно амулетом называют любой предмет, умилостивляющий добро в качестве средства защиты от зла, вреда, болезней и колдовства.

Амулеты на удачу помогут вам провести 2024 год в благоденствии в доме, на работе, в семье, привлечь деньги и здоровье. Чтобы амулеты работали правильно, не следует давать их в руки посторонним и всегда иметь под рукой.

Амулеты существовали во всех культурах и изготавливались из элементов природы, которые служили катализаторами энергий, способствующих исполнению желаний человека.

Амулету приписывается способность отгонять зло, чары, болезни, бедствия или противодействовать злым пожеланиям, произнесенным через глаза других людей.

АМУЛЕТ ДЛЯ ТЕЛЬЦА 2024

ФЛЕР ДЕ ЛИС.

Символ, используемый в масонстве, алхимии и других религиях. Символ наивности, достоинства и девственности.

Это амулет, открывающий дороги, источник новых возможностей для благополучия.

Флер-де-лис - это изображение, не существующее в природе, но основанное на образе лилии. Он связан с идеями королевской власти и просвещения.

Основание в виде треугольника, символизирующего воду, и креста, символизирующего духовную реализацию, дополнено двумя симметричными листьями, обвивающими горизонтальную ветвь.

Он олицетворяет мудрость, мужество и процветание.

Флер-де-лис, символизирующий чистоту и божественность, может служить напоминанием о нашей связи с божественным и о силе веры, способной преобразить и исцелить нашу жизнь.

Он поможет справиться с эмоциями и внутренними конфликтами, очистит сердце от негативных энергий и будет способствовать эмоциональному равновесию.

Счастливый кварц

    Всех нас привлекают бриллианты, рубины, изумруды и сапфиры - очевидно, драгоценные камни. Полудрагоценные камни, такие как сердолик, тигровый глаз, белый кварц, лазурит, также высоко ценятся, поскольку на протяжении тысячелетий они использовались в качестве украшений и символов власти.

    Многие не знают, что они ценились не только за красоту: каждый из них имел сакральное значение, а их целебные свойства были не менее важны, чем декоративные.

    Кристаллы и в наши дни обладают теми же свойствами, большинство людей знакомы с наиболее популярными из них, такими как аметист, малахит и обсидиан, но в настоящее время появились новые кристаллы, такие как ларимар, петалит и фенакит.

    Кристалл - это твердое тело геометрически правильной формы, кристаллы образовались при создании Земли и продолжают метаморфировать по мере изменения планеты, кристаллы - это ДНК Земли, это миниатюрные хранилища, в которых хранится развитие нашей планеты за миллионы лет.

Некоторые из них были согнуты под необычайным давлением, другие выросли в камерах, погребенных глубоко под землей, третьи возникли из капель. Какую бы форму они ни принимали, их кристаллическая структура способна поглощать, сохранять, фокусировать и излучать энергию.

В основе кристалла лежит атом, его электроны и протоны. Атом динамичен и состоит из ряда частиц, которые вращаются вокруг центра в постоянном движении, так что, хотя кристалл может казаться неподвижным, он представляет собой живую молекулярную массу, которая вибрирует с определенной частотой, и именно это дает энергию кристаллу.

Раньше драгоценные камни были царской и священнической прерогативой, жрецы иудаизма носили на груди бляшку с драгоценными камнями, которая была не просто эмблемой, обозначающей их функции, но и передавала власть носителю.

Люди носили камни еще в каменном веке, поскольку они выполняли защитную функцию, оберегая своего владельца от различных бед. Современные кристаллы обладают той же силой, и мы можем подбирать украшения не только по их внешней привлекательности: находясь рядом с ними, можно зарядиться энергией (оранжевый сердолик), очистить пространство вокруг себя (янтарь) или привлечь богатство (цитрин).

Некоторые кристаллы, такие как дымчатый кварц и черный турмалин, способны поглощать негатив, излучая чистую и прозрачную энергию.

Ношение черного турмалина на шее защищает от электромагнитных излучений, в том числе и от сотовых телефонов, цитрин не только привлечет богатство, но и поможет его сохранить, поместите его в богатой части дома (сзади слева, наиболее удаленной от входной двери).

Если вы ищете любовь, кристаллы могут вам помочь: поместите розовый кварц в угол отношений вашего дома (задний правый угол, наиболее удаленный от входной двери), его эффект настолько силен, что вы можете добавить аметист, чтобы компенсировать притяжение.

Можно также использовать родохрозит - любовь придет сама.

Кристаллы способны исцелять и дарить равновесие, некоторые кристаллы содержат минералы, известные своими лечебными свойствами, малахит имеет высокую концентрацию меди, ношение малахитового браслета позволяет организму усваивать минимальное количество меди.

Лазурит снимает мигрень, но если головная боль вызвана стрессом, то аметист, янтарь или бирюза, помещенные над бровями, снимут ее.

Кварц и минералы - это драгоценные камни матери-земли, дайте себе эту возможность и соединитесь с магией, которую они излучают.

Счастливый кварц для Тельца

Дымчатый кварц. Он является божественным символом на этом физическом плане. Этот мистический кварц подарит вам много света. Это кварц медиумов, спиритуалистов и алхимиков, потому что он разрушает весь негатив. Он связан с психическим планом, он самый примитивный в мире, и он является оракулом.

Он защитит вас от самых неблагоприятных энергий, таких как зависть, гнев, разрушительные мысли.

Это самый эффективный энергетический целитель на планете, он испаряет, усиливает, защищает и формирует энергию, а также чудесным образом разблокирует ее. Он *преобразует энергию в чистейшее состояние, которое только допускается.*

Совместимость Тельца и других знаков в любви

В Тельца легко влюбиться. Этот знак - чистая поэма и страсть. Управляемый Венерой, планетой любви, Телец наслаждается хорошей жизнью и, в сущности, никогда не согласится на меньшее, чем заслуживает, за что и получил звание самого упрямого знака Зодиака.

Тельцы, управляемые Венерой, любят романтику, умеют очаровывать и любят, чтобы их очаровывали, поэтому, естественно, умеют соблазнять. Телец страстен, серьезно относится к своим обязанностям и хочет иметь партнера на всю жизнь, поскольку очень традиционен.

Ничто так не возбуждает Тельца, как чувство защищенности. Тельцов любят за то, что они стабильные, приземленные и честные женихи. Очень важно помнить, что перед тем как хранить верность, Тельца нужно кормить и поливать так, как будто завтра не наступит.

Поскольку он так тесно связан с Венерой, его форма обольщения вращается вокруг эротики, поэтому, если вы готовы влюбиться в него, приготовьтесь к всеохватывающему путешествию через отголоски и ароматы.

Поскольку Телец так тесно связан с материальным миром, ему нравится выражать свое восхищение через подарки, и он никогда не решится подарить Вам дешевую вещь. Телец выразит свое восхищение подарком, от которого захватывает дух. Это не совсем альтруизм, он ожидает чего-то взамен.

Тельцу необходимо знать, что он Вам небезразличен, и что эти отношения взаимны. В конце концов, каждый раз, когда Телец выражает симпатию или антипатию, он ожидает, что Вы это запомните. Обращайте пристальное внимание на высказывания партнера-Тельца, лучше даже делайте какие-то заметки.

Если он намекнет, что любит тыквенный флан, значит, он будет ждать, когда Вы его угостите. Хотя Тельцы наделены чувственностью, очень важно не переборщить. Более того, этот приземленный экземпляр будет очень настороженно относиться к грубым людям, поэтому не спешите завоевывать ее доверие.

Тельцы, когда речь идет о любви, не торопятся, поэтому воспользуйтесь возможностью спокойно двигаться вперед, позволяя отношениям развиваться естественным образом.

Он не спешит открываться, потому что получает удовольствие от самого процесса, и для этой венерианской пары влюбленность - невероятно волшебное, стоящее переживание. Тельцы ценят надежность и тяготеют к партнерам, разделяющим их взгляды на финансы, карьеру и семью.

Поскольку все эти моменты имеют для них столь большое значение, их намерения легко определить с самого начала. Так, если на третьем свидании Телец спросит Вас о доходах, карьерных устремлениях или доме Вашей мечты, Вы можете быть уверены, что он заинтересован в серьезном развитии событий.

Для влюбленных Тельцов секс - очень важная вещь. Соответственно, не так важен сам акт, как его подготовка.

Прелюдия - это то, что возбуждает его больше всего, и, как и во всем, что связано с этим ребенком Венеры, она должна быть полным сенсорным опытом. Не забывайте об этом: Телец любит традиции, и эти освященные жесты обожания будут восприняты с радостью и создадут настроение для чрезвычайно страстного вечера. Эрогенная зона Тельца - шея, поэтому поцелуи в эту область сведут его с ума. Хотя Тельцу нравится быть с партнером, ему также необходимо много времени наедине с собой, чтобы побаловать себя, он серьезно относится к ритуалам ухода за собой и, особенно если его пространство находится под угрозой, может стать очень собственническим по отношению к своему окружению.

Никогда не трогайте священные предметы Тельца. Для него взять что-то без разрешения - это объявление войны.

Поскольку этот знак придает большое значение любому имуществу и заботится обо всем, что ему принадлежит, а это может быстро перерасти в легкую склонность к накопительству, ни в коем случае не выбрасывайте то, что принадлежит Тельцу. Это не стоит того, чтобы рисковать его гневом. А с их роскошными вкусами практически ничего не стоит выбросить.

Для Тельца качество превыше количества. Другими словами, Вашему партнеру-Тельцу будет все равно, сколько у Вас кошельков, если они роскошные. Когда речь идет о долгосрочных отношениях с Тельцом, деньги имеют значение. Конечно, это не означает, что его привлекают исключительно миллиардеры.

На самом деле, объект не так уж и важен. Важно то, как ваш партнер зарабатывает и сохраняет свои доходы.

Не забывайте всегда отмечать заслуженные успехи своего партнера-Тельца.

Этот знак кажется немного сложным, но как только вы начнете приспосабливаться к такому образу жизни, вы тоже поймете, что все это оправдано.

Тельцы обожают еду, путь к сердцу Тельца лежит через желудок, поэтому самые чувственные отношения всегда будут включать в себя изысканные блюда.

*Когда **Телец и Овен** встречаются вместе, Телец поначалу может с некоторой опаской относиться к отношениям с импульсивным*

Овном. Несмотря на то, что он высоко ценит энергию этого зодиакального воина, Телец может проявлять осторожность. Однако как только Овен докажет свою твердость, из этих двоих может получиться чрезвычайно динамичный дуэт, в котором Овен будет генерировать блестящие идеи, а осторожный Телец - давать дельные рекомендации.

Если оба знака смогут избежать склонности считать себя всегда правыми, они смогут преподать друг другу бесценные уроки, сформировав долгосрочные отношения.

Тельцы и Тельцы - это прекрасные отношения. Их объединяет вкус к хорошей еде, горячему душу и массажу тела. Эта пара необычайно притягательна. Когда они собираются вместе, то могут провести весь день в объятиях друг друга. Но когда в этой паре все слишком хорошо, может наступить скука.

Каждый из партнеров должен активно подталкивать другого к достижению своей мечты. В противном случае этот дуэт может остаться на диване на неопределенное время, смотря сериалы *Netflix* и поедая мороженое.

Телец и Близнецы - сложная пара. Близнецы быстро говорят и остроумны, что нервирует пассивного Тельца, которому трудно понять мотивы Близнецов. В итоге Телец может пойти на компромисс со своими потребностями из-за такого стремительного образа жизни, а Близнецы, в свою очередь, могут стать все более нетерпимыми к тщательному анализу Тельца, что может склонить его к отказу от отношений. Однако если эта пара сможет прийти к консенсусу, то отношения будут сбалансированными. Близнецы научат Тельца расслабляться, а Телец будет вдохновлять Близнецов на более медленные действия.

*Между **Тельцом и Раком существует** невероятное сходство, ведь это два знака, которые ценят безопасность и стабильность, а также заботятся о создании домашней обстановки. В этом космическом дуэте Рак будет способствовать созданию эмоциональной структуры, а Телец будет с удовольствием заниматься оформлением общего физического пространства.*

Однако и Телец, и Рак могут быть чрезвычайно собственниками. Без здорового общения эта пара может ополчиться друг на друга, стать все более темпераментной и ревнивой.

Тельцу следует стремиться понять эмоциональную сторону Рака, который часто сдерживает свои эмоции, что может периодически вызывать проблемы. В конечном итоге именно поэтому Рак заворожен благородной личностью Тельца.

Хотя вербальное общение не является сильной чертой обоих, эти отношения будут процветать благодаря искреннему диалогу.

У Тельца и Льва *много общих интересов. Будь то распитие супердорогого вина, посещение шикарного ресторана или покупка одежды от лучших дизайнеров - Тельца и Льва объединяет то, что они оба любят роскошь.*

Однако, когда приходят счета по кредитным картам или они смотрят на свои банковские счета, эти двое быстро понимают, насколько различаются их взгляды. Телец ценит вложения, а Лев - показную расточительность. Телец и Лев верны и старательны, а их тщеславие и упрямство могут спровоцировать серьезные проблемы.

Однако если эти два очень упрямых знака приобретут опыт внимательности и научатся уступать, у них есть потенциал для прекрасного будущего.

Телец и Дева - земные знаки, и когда элементы-единомышленники собираются вместе, между ними возникает мгновенная связь. Отношения Тельца и Девы основаны на разуме, поскольку оба знака ценят прагматизм. Однако Телец немного капризен по сравнению с недоверчивой Девой.

Телец знает, как побаловать себя, а Дева предпочитает играть в безопасности. В конечном счете, эта пара сильна тем, что Дева глубоко уважает качества Тельца и восхищается тем, как он празднует великолепие жизни.

Телец ценит внимание к деталям, характерное для Девы. У этих двух знаков много общего, и если они проявят терпение, то смогут работать вместе, и эта пара открывает невероятный потенциал для развития.

Тельцы и Весы - оба знака находятся под управлением Венеры, планеты любви, красоты и денег. Они образуют романтическое сочетание: упрямая чувствительность Тельца компенсируется спокойной дипломатичностью Весов, а эстетизм Весов совершенствуется домашними страстями Тельца.

 Эти два знака согласны во многих важных вопросах, хотя иногда, когда собственническая личность Тельца ущемляется настойчивым социальным взаимодействием Весов, бык чувствует себя неуравновешенным.

Но в этом нет ничего страшного, потому что, в конце концов, эти конфликты решаются в постели, где пара Телец-Либра действительно блистает восхитительным сексом.

Телец и Скорпион - противоположные знаки, здесь притяжение происходит автоматически. Оба любят процветание. Телец больше сосредоточен на себе, чем Скорпион, который больше озабочен своим партнером и ближайшими родственниками.

У обоих есть крайняя потребность в безопасности, уходящая корнями в отношения, но они по-разному ее проецируют. Телец ценит мораль и искренность и не приемлет измены, а Скорпион любит скрытность. Стремление Скорпиона к безопасности основано на его потребности быть постоянно защищенным своим партнером.

Хотя в этих отношениях не все идеально, поскольку Телец требует материальных благ, а Скорпион стремится к эмоциональному контролю, но, собравшись вместе, они могут составить прекрасную пару, основанную на взаимном уважении.

Телец и Стрелец сводят друг друга с ума, как ни странно, эти два знака испытывают друг к другу неоспоримое влечение.

Стрелец ценит решительность Тельца, и хотя кочевой образ жизни Стрельца угрожает душевному спокойствию Тельца, его интригует ее нетерпеливый дух. Секс в этой паре просто фантастический, каждый учит другого пробовать что-то новое.

Но и за пределами спальни эти двое должны стремиться к сохранению целостных и прочных отношений. Тельцу придется дать Стрельцу пространство, а Стрельцу - найти мир в домашнем пространстве Тельца. Если каждый из них научится принимать различия друг друга, то эта пара будет излучать невероятную химию.

Телец и Козерог - очень совместимая пара. Тельца очень восхищает непоколебимая преданность Козерога, а Козерогу нравится элегантность и домашний уют Тельца. Оба они - высококвалифицированные, приземленные люди, прекрасно понимающие друг друга.

Конечно, в любых отношениях присутствует работа, и в данном случае обе стороны должны *приложить максимум усилий. Телец будет пытаться подбодрить вспыльчивого Козерога, что для этого знака, сына повелителя кармы, будет бесполезным занятием, и точно так же Козерог, будучи представителем стихии земли, будет пытаться приучить Тельца к ответственности, однако если эти два знака сосредоточатся на сходстве, а не на различиях, они могут очень хорошо работать.*

Телец и Водолей - это *мелодрама. Традиционные взгляды Тельца старомодны по сравнению с либеральными взглядами Водолея, чья креативность выливается в бунтарскую художественную экстравагантность. Если Телец требует организованности и благополучия, то Водолея стимулирует абстрактное и интеллектуальное.*

На самом деле, пожалуй, нет таких бескомпромиссных знаков, как эти два, поэтому пара Телец - Водолей очень сложна. Если Телец и Водолей ищут отношения, им следует сосредоточиться на компромиссе, терпении и терпимости, чтобы обеспечить чистоту отношений.

Этим двум знакам необходимо научиться общаться через общие интересы. В этом случае их отношения будут прочными и стабильными.

Тельцы и Рыбы обладают невероятным потенциалом как пара. Творческий потенциал Рыб вдохнет жизнь в эффективное видение Тельца, а постоянство Тельца станет для Рыб системой поддержки, позволяющей им раскрыть свою уникальность.

Между этими двумя знаками существует невероятный союз, хотя они очень непохожи друг на друга.

Стремительность Рыб может поставить стабильного Тельца в неловкое положение. Если возникнет конфликт, Тельцу следует быть очень осторожным с разногласиями.

Рыбы очень эмоциональны, и если Вы будете чувствовать себя скованно, то можете уйти навсегда. При небольшом интересе и старании могут зародиться отношения без срока годности.

Телец и призвание

Телец - это синоним таланта. Способность решать проблемы и чинить вещи. Тельцы обладают способностью использовать свой ум и искать творческие решения.

Этот знак также обладает особым талантом наставлять и помогать другим. Это прекрасный администратор, человек, умеющий спонсировать и совершенствовать индивидуальный потенциал.

Тельцы любят деньги. Им нравится любая роскошь, и они знают, что она не приходит без упорного труда и зарабатывания достаточного количества денег, чтобы поддерживать свой роскошный образ жизни.

Тельцы - одни из самых целеустремленных, способных, творческих, практичных и трудолюбивых людей, в какой бы сфере они ни работали. Неважно, кто они - служащие или руководители, они выполняют работу безупречно. Они быстро войдут в привычный ритм и сосредоточатся на выполнении поставленной задачи, невзирая на то, что происходит вокруг.

Пожалуй, единственным недостатком их сильной трудовой этики является то, что существует тонкая грань между преданностью и одержимостью, которую Тельцы часто легко пересекают, сами того не осознавая.

Одержимость работой может превратить их в перфекционистов, ожидающих, что все остальные будут стараться так же, как и они. Они вознаграждают себя за усердную работу тем, что еще больше играют и наслаждаются роскошью.

Лучшие профессии

Тельцы - творческие натуры, поэтому они идеально подходят для таких профессий, как дизайн и архитектура. У них есть способности к писательству и всему, что связано с творческими проектами, Тельцы - перфекционисты и любят все делать правильно. Наиболее успешными профессиями для них будут образование, юрист, связи с общественностью, международные отношения, государственное управление, финансовые учреждения, архитектура и дизайнер.

Признаки, с которыми не стоит вести дела

Близнецы-Водолей, так как они всегда идут против установленного, а это очень нервирует Тельца.

Признаки, с которыми можно ассоциировать

Весы, Рыбы и Лев, поскольку это знаки, обладающие хорошим нюхом и удачей в делах, трудолюбивы, последовательны, зрелы и рассудительны, обладают способностью помогать.

Лучшие страны и города для жизни

Страны: *Ирландия, Иран, Грузия, Греция, Кипр и Беларусь.*

Города: *Кавказ, Тасмания, Анатолия Турция, Дубай, Берлин, Лейпциг, Мантуя, Парма, Палермо, Сан-Франциско Родос, Лондон.*

Растения для Тельца

Базилик: *хорошо известен тем, что придает особый вкус блюдам, эта трава не может не присутствовать во вкусных соусах для пасты.*

Однако он также обладает способностью привлекать удачу и отгонять несчастья.

Любовные ритуалы для знака Телец

Заклинание для привлечения родственной души

Вам потребуется:

- Листья розмарина

- Листья петрушки

- *Листья базилика*

- *Металлическая запеканка*

- *1 красная свеча в форме сердца*

- *Эфирное масло корицы*

- *1 сердце, нарисованное на красной бумаге*

- *Алкоголь*

- *Лавандовое масло*

Сначала нужно освятить свечу маслом корицы, затем зажечь ее и поставить рядом с металлической чашей. Смешайте все растения в чаше.

Напишите на бумажном сердечке все характеристики человека, которого вы хотите видеть в своей жизни, напишите подробности. Налейте на бумагу пять капель лавандового масла и поместите ее внутрь маленького сотейника. Сбрызните ее спиртом и подожгите. Все остатки нужно разбросать на берегу моря, а пока вы это делаете, сосредоточьтесь и попросите, чтобы этот человек пришел в вашу жизнь.

Ритуал для привлечения Любви.

Вам потребуется:

- Розовое масло

- 1 розовый кварц

- 1 яблоко

- 1 красная роза в маленькой вазе

- 1 белая роза в маленькой вазе

- 1 длинная красная лента

- 1 красная свеча

Для достижения максимальной эффективности этот ритуал следует проводить в пятницу или воскресенье, в момент нахождения планеты Венера или Юпитер.

Перед началом ритуала с использованием розового масла необходимо освятить свечу. Зажгите свечу. Разрежьте яблоко на две части и положите одну из них в вазу с красной розой, а другую - в вазу с белой розой. Повяжите красную ленту вокруг обеих ваз.

Оставьте их рядом со свечой на всю ночь, пока свеча не догорит. При этом мысленно повторяйте: "Пусть на моем пути появится человек, которому суждено сделать меня счастливым, я принимаю и принимаю его". Когда розы высохнут, вместе с половинками яблок закопайте их во дворе или в горшке с розовым кварцем.

Денежный ритуал для Тельца

Ритуал для привлечения процветания.

Вам потребуется:

- 7 головок чеснока

- 7 столовых ложек морской соли

- 7 листьев петрушки

- 7 листьев базилика

- 7 листьев мяты

- 7 литров священной воды

- 1 пластиковая ручка без крышки

Прокипятите все ингредиенты в течение тринадцати минут, дайте остыть, перелейте препарат в пластиковую ручку и положите ее под кровать.

Вы должны проживать в нем в течение трех ночей подряд.

На четвертый день добавить три горсти морской соли и выставить на лунный свет на одну ночь, на следующий день выбросить подальше от дома, по возможности в место, где есть деревья.

(Вы можете приготовить этот магический ритуал для очистки пола в вашем доме или на предприятии).

Желательно в четверг или пятницу в момент нахождения планеты Венера, Юпитер или Солнце.

Перец для привлечения денег.

Вам потребуется:

- 7 горошин перца

- 7 листьев руты.

- 7 зерен крупной морской соли

- 1 маленький красный тканевый мешочек.

- 1 красная лента

- 1 цитриновый кварц

Поместите все ингредиенты в пакет. Закройте его красной лентой и оставьте на ночь под светом полной луны.

Затем девять дней спите с ним под подушкой. Носите его с собой в незаметном месте на теле.

Бизнес-клининг для процветания.

Вам потребуется:

- Листья базилика

- 7 зубчиков чеснока

- Листья розмарина

- Листья шалфея

- 7 листьев руты

- 7 листьев мяты

- Душица

- 7 листьев петрушки

- Морская соль

- 10 литров священной воды или воды полнолуния

Все ингредиенты кипятить в течение часа.

Когда жидкость остынет, процедите ее и распределите по семь ложек во внутренних и внешних углах вашего бизнеса в течение девяти дней подряд. Начинать этот ритуал следует всегда в период активности планеты Венера или Юпитер.

Ритуал на выигрыш в лотерею. Полнолуние.

В ночь полнолуния соберите все невыигранные лотерейные билеты и сожгите их с помощью золотой свечи, мысленно повторяя при этом: "Пусть весь ваш прах вернется в мою жизнь в виде выигрышей и призов". Менее чем через 40 дней вы получите вознаграждение.

Получение экономического процветания.

Вам потребуется:

- 3 веточки свежего розмарина

- 3 зернышка крупной морской соли

- 1 желтая свеча

- 3 чайные ложки семян горчицы

- 1 фаянсовый сотейник

- 3 участка земли

Положите на сковороду крупинку крупной морской соли, горсть земли, чайную ложку горчицы и веточку розмарина в следующем порядке.

Затем повторять до тех пор, пока все ингредиенты не окажутся внутри. Поставьте желтую свечу перед горшком и зажгите ее, а тем временем повторяйте вслух следующее обращение: "Пусть этот горшок процветания привлечет в мои руки сокровища земли, отвлечет от дурных влияний и привлечет в мою жизнь изобилие".

Когда свеча погаснет, закопайте все останки в саду или в горшке с цветущими растениями.

Привлекает материальное изобилие.

Вам потребуется:

- 1 золотая монета или золотой предмет, без камней.

- 1 медная монета

- 1 серебряная монета

В ночь полумесяца с монетами в руках подойдите к месту, где их освещают лучи Луны.

Подняв руки вверх, вы будете повторять: "Луна помоги мне, чтобы моя удача всегда росла, а процветание всегда сопровождало меня". Пусть монеты звенят в ваших руках.

Затем вы будете хранить их в своем кошельке. Этот ритуал можно повторять каждый месяц.

Новолуние, Денежный вестник.

Вам потребуется:

-1 серебряная монета

Пусть монета обретет спокойствие первого дня новолуния. Затем храните ее там же, где и деньги.

Этот ритуал необходимо повторять каждый месяц, потому что со временем эта монета станет вашим магическим талисманом для денег.

Защитите свой бизнес от "черной магии".

Вам потребуется:

- 1 долька чеснока

- 4 серебряные монеты.

- 1 кусок черной ткани

- 1 плоское белое стеклянное блюдо

- 1 белая свеча

В день полумесяца повесьте нитку чеснока на внутреннюю сторону входной двери вашего предприятия.

В углу помещения, который находится с левой стороны и сзади, разверните черную ткань и положите монеты на четыре угла ткани.

Затем поставьте свечу на тарелку, положите ее поверх ткани и зажгите свечу. дайте ей полностью прогореть.

Монеты никогда не следует тратить, заверните их в черную ткань и спрячьте внутри кассового аппарата.

Кубинский ритуал изобилия.

Вам потребуется:

-1 столовая ложка меда

-1 столовая ложка белого или яблочного уксуса

В период Гиблого полумесяца, перед выходом на работу, а также в период планеты Юпитер или

Венера мойте руки так, как вы это обычно делаете.

Затем ополосните их уксусом, полейте медом и снова ополосните, но не вытирайте насухо, при этом мысленно повторяйте: "Деньги придут и останутся со мной". Затем энергично хлопните в ладоши.

Ритуал на процветание при открытии бизнеса.

Вам потребуется:

- 1 новая ваза, прозрачная

- 5 монет

- Священная вода

- 1 зеленая лента

- 1 пучок руты

- 1 пучок розмарина

- 1 пучок петрушки

Если вы начинаете открытие своего бизнеса в период Полумесяца, то вам посчастливится провести этот ритуал. Наполните вазу священной водой, насыпьте в нее монеты.

Возьмите все букеты растений и сформируйте букет, к которому привяжите зеленую ленту и сделайте бант. Поместите его в вазу. Этот ритуал можно повторять, когда захочется.

Замените ленту, если она испортилась, если ваза повреждена, замените ее, то же самое сделайте с букетом. Если вы видите, что монеты испачкались, очистите их водой, моющим средством и небольшим количеством Agua Florida.

Ванная комната для привлечения финансовой выгоды

Вам потребуется:

- 1 растение руты

- Цветочная вода

- 5 желтых цветков

- 5 столовых ложек меда

- 5 палочек корицы

- 5 капель эссенции сандалового дерева

- 1 палочка сандалового ладана

В первый день полумесяца в час, благоприятный для процветания, прокипятите в течение пяти минут все ингредиенты, кроме флориды Агу и ладана.

Разделите эту ванну на части, так как ее нужно делать в течение пяти дней. Ту, которую вы не используете, следует хранить в холоде. Добавьте немного Agua Florida и зажгите благовония.

Примите ванну и ополоснитесь, как обычно. Медленно опускайте препарат от шеи к ногам. Делайте это в течение пяти дней подряд.

Ритуал здоровья для Тельца

Заклинание для сохранения здоровья

Необходимые элементы.

-1 белая свеча.

-1 святая карта Ангела вашей преданности.

-3 сандаловое благовоние.

-Растительные углеводороды.

-Сушеные травы эвкалипта и базилика.

- Горсть риса, горсть пшеницы.

- 1 белая тарелка или поднос.

-8   лепестков розовой розы.

-1 флакон для духов, персональный.

-1 деревянный ящик.

Для очистки помещения следует зажечь растительные угли в металлической емкости. Когда угли хорошо разгорятся, положите на них понемногу сухие травы и обойдите с контейнером все помещение, чтобы устранить негативные энергии. После того как благовония сгорят, откройте окна, чтобы дым рассеялся.

Подготовьте алтарь на столе, покрытом белой скатертью. Положите на него выбранную священную карту, а вокруг нее расположите три благовония в форме треугольника.

Необходимо освятить белую свечу, затем зажечь ее и поставить перед ангелом вместе с незамутненными духами. Вы должны быть расслаблены, для этого сосредоточьтесь на своем дыхании.

Визуализируйте своего ангела и поблагодарите ее за все хорошее здоровье, которое у вас есть и будет всегда, причем эта благодарность должна исходить из глубины вашего сердца.

Совершив благодарственный молебен, поднесите ему в качестве подношения горсть риса и горсть пшеницы, которые положите на поднос или белую тарелку.

Рассыпьте на алтаре все лепестки роз, еще раз поблагодарив за оказанные милости.

После благодарственного молебна свечу следует оставить гореть до полного сгорания. Последнее, что вы должны сделать, - это собрать все остатки свечи, благовоний, риса и пшеницы, поместить их в полиэтиленовый пакет и выбросить в месте, где есть деревья без пакета.

Поместите карту ангела и лепестки роз в коробку и поставьте ее в безопасное место в вашем доме.

Энергетические духи, которыми вы будете пользоваться, когда почувствуете, что энергии идут на спад, при этом визуализируя своего ангела и прося его о защите. Этот ритуал будет более эффективным, если проводить его в четверг или понедельник в период Юпитера или Луны.

Отдых

Отпуск приносит физическую и психическую пользу. Доказано, что отдых снижает уровень стресса и способствует укреплению иммунной системы. Иногда планирование отпуска вызывает стресс, потому что вариантов бесконечное множество и принятие решения становится химерической задачей.

Используя астрологию, понимание вашей личности позволяет определить идеальное для вас место отдыха.

Овнам *идеально подойдет курорт "все включено" с активным отдыхом в теплом месте, например, в Пунта-Кане, Канкуне или на островах Теркс и Кайкос. Австралия - это захватывающая страна, которая предлагает массу эмоций, заставляющих сердце биться.*

Тельцу *очень понравится отдых на роскошном курорте на острове Кайман или роскошный отдых в Дубае, в отеле со всеми удобствами. Италия - идеальная страна, потому что здесь вы найдете все, о чем всегда мечтали: любовь,* очарование, роскошь, прекрасную кухню и первоклассные вина.

Близнецы любят чувствовать себя интеллектуально вовлеченными. Путешествия с экскурсиями, например, сафари в Африке или изучение видов Галапагосских островов, предлагают зодиакальному коммуникатору роскошные впечатления.

Рак, короткие поездки в окружении семьи и друзей. Одним из вариантов является Диснейленд, где можно насладиться аттракционами и разнообразной кухней. В Орландо, штат Флорида, есть множество фантастических отелей и курортов, каждый из которых имеет свою уникальную и увлекательную тематику.

Лев, для этого знака фантастически подходит проживание в бунгало над морем на Таити. Другой альтернативой роскоши, которую любит Лев, может стать аренда частного тропического острова на Мальдивах, Фиджи или Виргинских островах.

Дева, Италия - ваш лучший вариант. В этой стране вы найдете себе занятие по душе. Как земной знак, вы связаны с окружающим миром, и такие места, как Ла-Романа в Доминиканской Республике, Пуэрто-Вьехо в Коста-Рике и Белу-Оризонти в Бразилии, вдохнут в вас жизнь.

Весы, выбирайте города с музеями. Тропический отдых не принесет Весам такого удовлетворения, как посещение Лувра в Париже, музея Акрополя в Афинах (Греция), музея Прадо в Мадриде (Испания) или галереи Уффици во Флоренции (Италия).

Скорпион, проведите несколько дней на уединенном пляже с алкоголем и массажем. В Греции, на Бали, Сен-Мартене или Гавайях вы найдете все эти предметы роскоши. Посещение объектов культурного наследия, расположенных неподалеку от вашего роскошного отеля, станет необычным сочетанием тропического и культурного отдыха. Миконос и Рода в Греции - идеальные места для этого.

Стрелец, исследуйте Камино де Сантьяго - сеть совершенно разных путей, ведущих в город Сантьяго де Компостела. Каждый путь имеет свою историю, наследие и магию. Стрелец -

путешественник, жаждущий новых впечатлений, поэтому в Ирландии вы найдете все, что ищете.

Козерог - целеустремленный знак. Отпуск, во время которого можно завязать новые деловые отношения. Китай был бы впечатляющим. У Козерогов есть чувство исторической ценности, которого нет у других знаков, поэтому такие страны, как Израиль и Египет, где присутствует история, позволят Вам чувствовать себя как дома.

Водолей любит новые идеи, неизведанные места и новые отношения. Фантастической страной для посещения может стать Япония не только из-за ее удивительной истории и культуры, но и потому, что каждый из ее регионов может предложить что-то свое.

Рыбы - водный знак, которому по душе тропический отдых. Идеальным вариантом будет отель на берегу моря. Остров "Ла Дик" в Республике Сейшельские острова, возможно, самый красивый пляж в мире, будет иметь несомненный успех. Рыбы, обладающие спокойным взглядом на жизнь, под управлением Нептуна -

*творческий мыслитель. Швеция - страна,
которую ему стоит посетить, потому что там
он найдет такую же новаторскую культуру, как и
он сам.*

Кто является вашей второй половинкой в соответствии с вашим знаком зодиака?

Когда мы слышим термин "родственные души", мы обычно думаем о них как о членах пары, т.е. о тех, с кем вас связывает сильная сентиментально-сексуальная связь. Однако настоящие родственные души не всегда относятся друг к другу с этой точки зрения, а зачастую даже не заинтересованы в сексуальном аспекте отношений.

Вашей родственной душой может быть не только ваш партнер, но и ваш родитель, друг, ребенок, бабушка, дедушка, начальник или сестра.

*С астрологической точки зрения и с учетом того, что уроки, которые мы должны усвоить перед выходом на новый духовный уровень, определяют тип аффективных отношений, которые нам необходимо развивать в жизни сегодня, можно сказать, что Рак и Рыбы являются родственными душами **Овна.***

С Раком и Рыбами Овен может не только лучше концентрироваться и разрешать конфликты без насилия, но и развивать эмпатию, то есть способность ставить себя на место другого и учиться делиться. Эти два знака не любят конфликтов, а если они все же возникают, то предпочитают диалог любому эпизоду жестокости.

Овен может научить Рака и Рыб не нуждаться в одобрении окружающих, быть более рискованными, не пытаться угодить всем, т.е. быть более напористыми.

*Чувственный **Телец**, враг перемен, врожденный родственник инерции, имеет в качестве родственной души Стрельца и Близнецов - два знака, которые знают, что жизнь - это увлекательное, но не статичное путешествие.*

Они могут научить Тельца тому, что ему не нужно оставаться там, где он не должен быть из-за страха перед неопределенностью, и что всегда будут возникать определенные ситуации или обстоятельства, которые будут происходить так, как мы этого не ожидаем и не обладаем никакой властью, чтобы изменить их.

***Тельцу** также есть чему научить эти знаки - это уроки силы воли, обязательства перед другими людьми, преданность своему делу и упорство в доведении его до конца, без спешки и медлительности. Иметь принципы и быть благоразумным.*

Лев *может сбалансировать много кармы со своими родственными душами, принадлежащими к Весам и Водолею. Лев может упрямо придерживаться ошибочных идей или убеждений из тщеславия; Весы и Водолей знают, что за эгоцентричным человеком скрывается низкая самооценка. Весы научат Льва хладнокровию и терпимости, использованию аргументации и дипломатии для поддержания ровного общения.*

Водолей*, противоположный Льву знак, обладающий объективностью и справедливостью суждений, так как никогда не увлекается предрассудками, научит Льва видеть сердца людей, предлагать свое плечо и говорить сочувственные слова в трудную минуту. Лев никогда не колеблется при принятии решений, а если и колеблется, то не показывает этого, что Весам следует взять на вооружение.*

Верность - отличительная черта Льва, неизвестная Водолею, и маленькие львята могут давать ему уроки нравственности.

У Дев*, известных как перфекционисты из-за их огромного страха перед неудачей, родственными душами являются Скорпион и Козерог. Дева любит быть строгой в своих решениях и имеет* прототип практически во всех аспектах своей жизни. Такая избирательность мешает им следовать за движением жизни.

Дева будет буквально разрывать на части весь проект, если посчитает, что он изначально не был идеальным, чего Козерог никогда не сделает, так как его видение позволяет ему увидеть, что всегда можно принять альтернативные меры, не начиная все сначала.

Козерог - знак, уверенный в собственном пространстве, он не принимает бессмысленных решений, что иногда делает Дева. Скорпион, напротив, может смягчить худшее и усилить лучшее в Деве. И Скорпиону, и Деве свойственен практический подход к жизни, однако Скорпионы гораздо более яркие, чем Девы.

 Скорпион принесет решительность, которой не хватает Деве, а Дева - контроль и рациональность страстному Скорпиону.

Дева сделает Козерога более приятным и игривым на своей стороне, изолируя его от той излишней серьезности, которую он часто демонстрирует на своем лице.

Безумие

На протяжении всей истории человечества безумие представало перед нами как неясная, загадочная и противоречивая истина. Оно пугало нас, мы его игнорировали и даже принимали, и в результате люди, которые якобы страдали от него, отвергались, уничтожались и почитались.

Любое поведение, не согласующееся с нашими рассуждениями, - это не обязательно безумие, но иной способ действия. Ошибка заключается в том, что, когда нас задевают или раздражают поступки или безрассудства других людей, мы пытаемся их прогнать, поскольку это не делает нас более разумными, уравновешенными или совершенными, но делает нас такими же сумасшедшими.

Определение безумия так же сложно, как и определение здравомыслия, но все знаки Зодиака имеют свою степень безумия.

Рак: Они темпераментны. Это приводит к тому, что их личность непонятна со стороны. Популярность сумасшедшие заслужили благодаря своему непостоянному характеру, который иногда мешает окружающим.

Скорпион: *Для счастья им нужны перемены, они могут совершать безумные поступки только для того, чтобы получить хоть какую-то отдачу. Для них вспышка - это нормально, потому что они зависимы от перемен и неистовства.*

Рыбы: *Невозможно, чтобы они не заразили вас своим безумием. Их нестабильность и неуравновешенность беспокоят окружающих. Они видят все в радужном свете, из-за чего их называют сумасшедшими, потому что они постоянно витают в облаках.*

Близнецы: *Славятся своей двойственностью. Иногда они находятся в конфликте с самими собой. Им нравятся вызовы, связанные с опасностью. Они любят планировать импровизированные приключения и всегда готовы перейти границы максимального безумия.*

Лев: *Когда огонь поселяется в их голове, им кажется, что все, что окружает их жизнь, важнее всего остального. Они экстравагантны и придерживаются взглядов, которые для других считаются безумными. Они могут совершать* поступки, которые разумный человек никогда бы не совершил.

Овны: *Они расстраивают себя и всех окружающих. Они упрямы и любят быть первыми во всем, даже если для этого им приходится совершать безумные поступки. Они не знают, как взять свои слова обратно, что приводит их к иррациональным поступкам.*

Водолей: *Бунтарский и свободный знак, которому нисколько не важно, какое мнение о нем сложится. Он ведет себя капризно, с безумными взглядами, ломающими парадигмы.*

Стрелец: *Он весел, но жесток в своем стремлении к действию. Они не умеют соизмерять последствия своих действий, что многие считают безумием. Не странно видеть их совершенно необузданными, переходящими границы безответственности.*

Весы: *Они жаждут счастья и гармонии, и чтобы получить их, готовы пойти на любые безумства. Они нестабильны, и это заставляет их нарушать* взятые на себя обязательства, что многие считают безумием.

Дева: *Они впадают в крайности и становятся навязчивыми. Их представление о том, чего они хотят, написано на камне, никто не может дать им совет, они не дают себя направлять. Когда их не слушают, они совершают различные глупости.*

Телец: *Когда в их голове рождается идея, никто не в силах ее прогнать, они даже совершают безумные поступки, чтобы подтвердить свою гипотезу. Попробуйте испытать их терпение, и вы узнаете, как далеко заходит уровень их безумия.*

Козерог: *Он абсолютно ничего не забывает, не прощает и тем более не забывает, если вы сделали что-то не так, не волнуйтесь, потому что он будет напоминать вам всю жизнь, чтобы свести вас с ума. Козерог безумно одержим идеей контроля.*

ПСИХОЛОГИЯ, ЛЕЖАЩАЯ В ОСНОВЕ ЛОТЕРЕИ.

Лотерейные игры очень популярны во всем мире.

У каждого из нас есть несбыточная мечта выиграть в лотерею, ведь иллюзия стать миллионером благодаря удаче, даже если шансы минимальны, - главная причина, по которой люди играют.

Игроки считают, что стоимость лотерейного билета по сравнению с выигрышем, который они получат в случае победы, ничтожно мала.

Мы всегда воспринимаем риск эмоционально, и если он приносит нам удовольствие, то мы склонны считать риск незначительным и нейтрализовать эмоцию опасности, сосредоточившись только на выгоде.

Игроки рассматривают лотерею как уникальную возможность получить вознаграждение, вложив небольшие деньги и практически не подвергаясь риску.

Игры имеют как традиционные, так и суеверные аспекты. Некоторые люди всегда играют в одни и те же числа, потому что они любимые, связаны со знаменательной датой или приснились им во сне. Другие играют в определенное время, день или место. Когда мы думаем, что контролируем ситуацию, мы чувствуем себя уверенно, потому что, выбирая числа самостоятельно, а не играя наугад, даже если шансы на успех одинаковы, у нас создается впечатление, что мы управляем судьбой, и шансы складываются в нашу пользу.

Есть люди, которые играют только ради удовольствия, в таких случаях лотерея выходит за рамки экономических затрат, превращаясь в развлечение, которое оживляется, когда они прикидывают, что можно сделать на приобретенные деньги.

Существует пять психологических описаний отдельных игроков в лотерею:

Авантюрист, которого завораживают игры с большими суммами денег, спекуляции со случайными числами и с запланированными.

Конкурент, который настойчиво стремится показать себя через азартные игры, что он ставит на победу.

Жадный, не имеющий границ в азартных играх и не боящийся рисковать при ставках.

Тактик, никогда не играя рискованно, ищет тактику, стратегию и числовые наборы при игре с числами.

Суеверный человек, который всегда играет одни и те же комбинации чисел, использует талисманы, ритуалы или покупает билеты на определенную дату и в определенном месте.

Существует ли хитрость или формула выигрыша в лотерею?

Этот вопрос до сих пор остается без ответа. Многие предполагают и утверждают, что вероятность того, что вас поразит молния, выше, чем вероятность выиграть в лотерею.

Хотя другие изучают возможности с большим упорством и тонкостью.

Игра в лотерею, да и любая другая азартная игра, если к ней подходить взвешенно, - это дешевый способ приобрести иллюзии и уверенность в завтрашнем дне.

Осложнения возникают тогда, когда человек не контролирует свои импульсы к азартным играм, *формируя зависимость от них и впадая в патологический гемблинг.*

Игровой наркоман - это человек, которому азартные игры доставляют большие трудности на работе и в семейных отношениях, поскольку проигрыши побуждают его играть на более крупные суммы денег, стремясь вернуть потерянное.

Получается замкнутый круг, и единственным способом его разрешения является психотерапевтическое лечение.

Лучшие подарки для знаков зодиака

Дарить подарки - универсальный способ показать, что мы заботимся о человеке и ценим его, но их покупка в это время года может стать непростой задачей, а для некоторых - настоящей головной болью. На помощь могут прийти планеты: зная знак зодиака человека, вы сможете сделать идеальный подарок.

Огненные знаки: Овну, Льву и Стрельцу
нравятся подарки, позволяющие почувствовать свою значимость, связанные со спортом, путешествиями, техникой. Профессиональный цифровой фотоаппарат, последняя модель iPhone, билет на самолет с включенным отелем в экзотическое туристическое место или с историческим прошлым, деловая литература, спортивная одежда или тренажеры, лотерейные билеты, бутылки изысканного вина и эксклюзивная брендовая обувь доставят этим знакам огромное удовольствие.

Тельцы, Девы и Козероги, *принадлежащие к стихии Земли, иногда бывают традиционны, но это не значит, что они не любят подарки от известных брендов. Их порадует картина* известного художника, ремень или портфель для хранения рабочих бумаг, портмоне с их инициалами, фирменная парфюмерия, массаж или процедуры для тела, домашний питомец, халаты, уютные пижамы или даже аромадиффузоры.

Воздушные знаки: Близнецы, Весы и Водолей - не материалисты, и функциональность подарка для них гораздо важнее цены. У них богатое воображение, и все, что стимулирует эту способность, им нравится. Сотовый телефон, компьютер или iPad, книги по личностному росту, духовности, философии и альтернативным методам лечения, курсы самопомощи и расширения экономических возможностей, телескоп, билеты в оперу или театр, животное, которое не нужно держать в клетке, кварц, эфирные масла, благовония и одеколон после ванны будут высоко оценены этими знаками.

Рак, Скорпион и Рыбы, водные знаки, будут в восторге от персонализированных подарков. Посуда для приготовления пищи, романтический ужин на пляже под луной, расслабляющий массаж в спа-салоне, смелое нижнее белье, тапочки или удобный диван для просмотра телевизора, бутылка шампанского, ароматические свечи, амулеты, книги по астрологии, набор карт Таро, лосьоны, духи и косметические принадлежности, вино, печенье, консервы и всевозможные деликатесы - вот список подарков, которые эти знаки примут с большим удовольствием.

Дарить подарки - это благословение, это жест щедрости; дарение подарков - это символический акт, который представляет собой комплимент, внимание к тому, кого мы хотим порадовать, и символизирует привязанность, которую мы исповедуем.

Когда мы дарим подарки, отношения улучшаются и укрепляются, появляется радость.

Знаки зодиака и их страхи.

Двенадцать знаков Зодиака символизируют двенадцать основных архетипов человеческой личности, но в то же время они являются психологическими прототипами, поэтому каждый из знаков Зодиака обладает совершенно конкретным и личностным страхом.

Давайте вспомним, что страх - это важнейший механизм тревоги и защиты человека.

*Он становится проблемой только тогда, когда становится чрезмерным. Страхи - это неуверенность в себе, и иногда мы проецируем их на противоположные действия, как в случае со знаком **Овна,** признанным за свою железную волю, ничто и никто не парализует их. Они любят все контролировать, а их самый укоренившийся страх - потерпеть неудачу или попросить о помощи, поскольку для них это синоним слабости.*

***Телец** - самый упрямый из земных знаков. Их пугают перемены, а также нехватка денег, они всю жизнь копят, потому что их пугает бедность.*

Близнецы, коммуникабельные представители знака зодиака, немного тревожные и неуверенные в себе, стараются привлечь к себе внимание, потому что боятся выглядеть скучными.

Законные дети Луны, **Раки** любят свою зону безопасности, потому что там их никто не может обидеть, они боятся одиночества и отверженности.

Лев, король зодиака, лидеры и храбрецы, не рождены для того, чтобы проигрывать. Их самый укоренившийся страх - остаться незамеченными; они предпочитают, чтобы о них говорили плохо, но не игнорировали.

Мастер аккуратности **Дева** иногда становится навязчивым в вопросах здоровья, поэтому они ипохондрики. Их главный страх - заболеть, но больше всего их пугает неорганизованность.

 Исключительно интеллектуальные **Весы** нерешительны, и в этом кроется их главный страх - принимать решения. Другой их страх - одиночество.

 *Загадочные и обольстительные **Скорпионы** обладают памятью слона, они боятся предательства и, если вы сделаете что-то, что им не понравится, они будут скрывать это от вас вечно. Никогда не храните секреты от Скорпиона.*

*Авантюрист по знаку зодиака, **Стрелец** панически боится обязательств, потому что их требования пугают. Они очень веселы, но за улыбкой скрывается страх быть обманутым.*

*Требовательные до крайности, **Козероги** никогда не отступают от своих целей; их главный страх - совершить ошибку, особенно на профессиональном уровне. Они самоотверженны и боятся не достичь своей мечты.*

 *Бунтари и **утописты-Водолеи** боятся потерять свободу, это означало бы утрату собственной сущности. У них всегда много дружеских связей, но ни одна из них не связывает их. Они нуждаются в группе, но не хотят, чтобы группа нуждалась в них.*

 *Мир - синоним **Рыб**, они ненавидят конфронтацию. Сострадательные до глубины* души, они боятся видеть, как страдают другие. Они немного неуверенны в себе, испытывают страх сцены и боятся отказа.

В некоторых старых книгах по астрологии Сатурн полностью отвечает за страх в натальной карте, я же считаю, что для возникновения страха необходимо проявление союза нескольких планет с соответствующими энергиями.

То есть страхи представлены различными планетами, связанными аспектами, нет конкретной планеты, которая обязательно связана с развитием того или иного вида страха.

Луна в Тельце

Луна в Тельце - это стабильная, сильная и структурированная Луна.

Луна в Тельце иногда медлительна и терпима, когда речь идет об эмоциональных реакциях, и они, как правило, умеренны.

Луне очень комфортно в знаке Тельца, так как это ее знак экзальтации. Стабильная, практичная и чувственная энергия Тельца является прекрасным модератором для эмоциональных наклонностей Луны.

Люди с Луной в знаке Тельца не увлекаются сиюминутными переживаниями. Они склонны практично относиться к своим эмоциям и знают границы дозволенного.

Если у Вас Луна в Тельце, то физический контакт имеет для Вас первостепенное значение. Вы - человек, который делится своими эмоциями с помощью прикосновений, и вы чувствуете себя более защищенным в комфортной и стабильной обстановке.

Вы должны быть очень осторожны в отношении эмоциональной привязанности к материальным вещам, поскольку именно на них вы полагаетесь в поисках счастья. Материальные вещи помогают Вам поддерживать связь с прошлым, и это дает Вам ощущение, что Вы окружены знакомыми вещами.

Перемены представляют для вас угрозу, и когда вы чувствуете себя запуганным, вы склонны искать что-то в материальном мире, чтобы почувствовать себя защищенным.

Люди с Луной в Тельце высоко ценят физические удовольствия и привычный распорядок дня. Любые изменения в привычном распорядке или непредвиденные обстоятельства вызывают у них дискомфорт.

Телец - очень медлительный знак, ему необходимо время, чтобы приспособиться к новой для него обстановке. Когда они чувствуют угрозу, их первая реакция - сохранить все как было. Они любят инерцию и инстинктивно сопротивляются переменам. Единственное изменение, приемлемое для Тельца, - это когда он сам решит измениться.

Луна в Тельце очень верна, если они берут на себя обязательства перед кем-то, то выполняют их до конца.

Люди с Луной в Тельце должны научиться распознавать, когда их эго чувствует угрозу, и преодолевать эту инстинктивную реакцию раздражения.

Чем больше времени вы будете размышлять, обдумывать и рассуждать над любой идеей, тем легче вам будет захотеть измениться.

Значение знака Асцендента

Солнечный знак оказывает большое влияние на то, кто мы есть, но асцендент - это то, что действительно определяет нас, и это даже может быть причиной того, что вы не идентифицируете себя с некоторыми чертами своего знака Зодиака.

Действительно, энергия, которую дает вам ваш солнечный знак, заставляет вас чувствовать себя не так, как все остальные люди, поэтому, когда вы читаете свой гороскоп, вы иногда чувствуете себя идентифицированным и придаете смысл некоторым предсказаниям, и это происходит потому, что он помогает вам понять, что вы можете чувствовать и что с вами произойдет, но он показывает вам только процент того, что может быть на самом деле.

С другой стороны, асцендент отличается от солнечного знака тем, что он отражает то, кем мы являемся на поверхностном уровне, то есть то, как другие видят вас или энергию, которую вы передаете людям, и это настолько реально, что может случиться так, что вы встретите человека и, предсказав его знак, обнаружите его асцендент, а не солнечный знак.

В целом, характеристики, которые вы видите в человеке при первой встрече, - это Асцендент, но поскольку наша жизнь зависит от того, как мы относимся к другим людям, Асцендент оказывает большое влияние на нашу повседневную жизнь.

Объяснить, как рассчитывается или определяется восходящий знак, довольно сложно, поскольку он определяется не положением планеты, а знаком, который восходил на восточном горизонте в момент вашего рождения, в отличие от вашего солнечного знака, который зависит от точного времени вашего рождения.

Благодаря технологиям и Вселенной сегодня узнать эту информацию проще, чем когда-либо, конечно, если вы знаете время своего рождения, или если вы имеете представление о времени, но запас не превышает нескольких часов, потому что существует множество сайтов, которые производят расчеты путем ввода данных, astro.com - один из них, но их бесконечное множество.

Таким образом, когда вы читаете свой гороскоп, вы также можете прочитать свой асцендент и узнать больше индивидуальных деталей, и вы увидите, что с этого момента, если вы будете делать это, ваш способ чтения гороскопа изменится, и вы будете знать, почему этот Стрелец такой скромный и пессимистичный, если на самом деле он такой преувеличенный и оптимистичный, и это, возможно, потому, что у него асцендент Козерога, или потому, что этот коллега Скорпион всегда говорит обо всем, без сомнения, у него асцендент Близнецов.

Я собираюсь обобщить характеристики различных Асцендентов, но это также очень общая характеристика, поскольку эти характеристики изменяются планетами в соединении с Асцендентом, планетами, аспектирующими Асцендент, и положением планеты-управителя знака на Асценденте.

Например, человек с Асцендентом в Стрельце и его управляющей планетой Юпитером в Овне будет реагировать на окружающую среду несколько иначе, чем другой человек, также с Асцендентом в Стрельце, но с Юпитером в Скорпионе.

Точно так же человек с Асцендентом Рыб, имеющий соединение с Сатурном, будет "вести себя" иначе, чем человек с Асцендентом Рыб, не имеющий этого аспекта.

Все эти факторы изменяют Асцендент, астрология очень сложна, и гороскопы не читаются и не составляются с помощью карт Таро, поскольку астрология - это не только искусство, но и наука.

Часто можно спутать эти две практики, и это связано с тем, что, несмотря на то, что это два совершенно разных понятия, они имеют ряд общих моментов. Одним из таких общих моментов является их происхождение, которое заключается в том, что обе процедуры известны с древнейших времен.

Они также схожи по используемым символам, так как в обоих случаях речь идет о неоднозначных символах, которые необходимо интерпретировать, что требует специального чтения и обучения, чтобы знать, как интерпретировать эти символы.

Различий тысячи, но одно из главных состоит в том, что если в Таро символы совершенно понятны на первый взгляд, являясь образными картами, хотя и необходимо знать, как их хорошо интерпретировать, то в астрологии мы наблюдаем абстрактную систему, которую необходимо знать прежде, чем интерпретировать, и, конечно, надо сказать, что, хотя мы и можем распознать карты Таро, любой человек не может их правильно интерпретировать.

Толкование также является отличием этих двух дисциплин, поскольку если в таро нет точной привязки ко времени, поскольку карты располагаются во времени только благодаря вопросам, задаваемым в соответствующем раскладе, то в астрологии есть привязка к конкретному положению планет в истории, и системы толкования, используемые в обеих дисциплинах, диаметрально противоположны.

Астрологическая карта - это основа астрологии и самый важный аспект для составления прогноза. Чтобы чтение было успешным и позволило узнать больше о человеке, астрологическая карта должна быть идеально проработана.

Для составления карты рождения необходимо знать все данные о рождении человека, о котором идет речь.

 Он должен быть точно известен, начиная с точного времени его доставки и заканчивая местом, где он был выполнен.

 Положение планет в момент рождения покажет астрологу те точки, которые необходимы ему для составления карты рождения.

Астрология - это не только знание своего будущего, но и знание важных моментов своего существования, как настоящего, так и прошлого, чтобы принимать более правильные решения для определения своего будущего.

Астрология поможет вам лучше узнать себя, чтобы изменить то, что мешает вам, или усилить свои качества.

И если астрологическая карта является основой астрологии, то гадание на Таро является основополагающим в последней дисциплине. Как и от того, кто составляет астрологическую карту, от провидца, который составляет расклад Таро, зависит успех вашего чтения, поэтому лучше всего обратиться к рекомендованным гадателям, и хотя, конечно, вы не сможете ответить конкретно на все вопросы, которые задаете себе в жизни, правильное чтение расклада Таро и карт, которые выходят в раскладе, поможет сориентироваться в решениях, которые вы принимаете в своей жизни.

Таким образом, астрология и таро используют символику, но главный вопрос заключается в том, как эта символика интерпретируется.

человек, действительно владеющий обеими техниками, несомненно, окажет большую помощь тем, кто обратится к нему за советом.

Многие астрологи совмещают обе дисциплины, и регулярная практика показала мне, что обе они обычно очень хорошо сочетаются, обогащая все вопросы предсказания, но это не одно и то же, и нельзя составить гороскоп по картам Таро, как нельзя составить Таро по астрологической карте.

Асцендент в Тельце

Элемент Асцендента символизирует отношение к жизни. Тельцы, как и другие земные знаки: Дева и Козерог, отличаются благоразумием, серьезностью и практичностью.

Земные знаки живут ногами на земле, головой на плечах и отличаются постоянством. Этим знакам нравится концентрироваться на достижении конкретных целей. Самое главное для этих знаков - чувство защищенности, которое они ставят превыше всего.

Люди с Асцендентом в Тельце - надежные люди, они обладают большим терпением и обычно планируют и структурируют все, что им необходимо сделать для достижения своих целей. Они могут быть медлительны, но постоянны.

Опасность Асцендента Тельца заключается в том, что они могут стать парализованными и статичными из-за страха столкнуться с новыми обстоятельствами. Они способны цепляться за ситуацию, чтобы не выходить из зоны комфорта.

Этот Асцендент, когда речь идет о том, чтобы разделить свою жизнь, всегда будет искать человека, который обеспечит ему необходимую безопасность.

Когда Телец находится на Асценденте, Скорпион - на Десценденте, по этой причине у этих людей будут очень напряженные отношения.

Тайны, игры во власть и запретные отношения привлекают людей с асцендентом Тельца. Из-за влияния знака Скорпиона эти люди ревнивы и собственничны.

Люди с Асцендентом в Тельце умеют выполнять все, что от них требуют, они не проявляют много инициативы и работают в своем темпе.

Овен - Асцендент Тельца

Овны с Асцендентом в Тельце будут сдержанными, осмотрительными людьми и будут особенно ценить одиночество, которое подходит им с энергетической точки зрения.

Это прекрасная комбинация, поскольку в них сочетаются инициативность Овна и дисциплинированность Тельца, что делает их очень волевыми людьми.

В любви они сопереживают, ими движут и привлекают люди, которых трудно завоевать.

Телец - Асцендент Тельца

Тельцы с асцендентом Тельца подчеркивают все характерные черты этого знака. Они ценят комфорт, безопасность и красивые вещи. Это люди, которые любят ухаживать за собой, посещая спортзал, и любят иметь презентабельный внешний вид.

Они смогут достичь любой поставленной цели, потому что очень упрямы и никогда не жалеют о принятых решениях.

В романтических отношениях они очень ласковы, обладают изысканным вкусом, который отражается в деталях отношений с партнером.

Это люди с очень хорошей памятью, которые по этой причине медленно прощают ошибки других.

Близнецы - Асцендент Тельца

Близнецы с асцендентом Тельца отличаются быстротой ума.

Эти люди умеют использовать любую возможность и добиваться поставленных целей. Их привлекают вызовы, и они постоянно меняются.

В любви они очень требовательны и не позволяют обмануть себя пустыми обещаниями. Это очень приятные люди для длительных отношений, потому что они добры.

Иногда их слишком легко ослепить деньгами.

Рак - асцендент Тельца

Раки с асцендентом Тельца эмоциональны, но интеллигентны. Они очень приветливы, честны и склонны ценить все эстетическое.

В сфере труда, если они не видят возможностей для получения знаний и роста, они не заинтересованы в том, чтобы оставаться на этой работе.

Они не боятся сделать первый шаг, а когда влюбляются, то привносят в свои отношения много любви, придавая им знакомый колорит.

Они очень вспыльчивы, не умеют справляться с отказами и с трудом контролируют эти эмоции.

Лев - асцендент Тельца

Лев с Асцендентом в Тельце - это люди с прекрасной интуицией в бизнесе и с изысканным вкусом. Когда энергии этих двух знаков синхронизированы, человек обладает большой стабильностью, а экономическая и семейная обеспеченность приносит ему личную безопасность.

В рабочей зоне они всегда полны энергии и могут без труда выполнять несколько видов работ.

В сентиментальных отношениях это соблазнительные и пылкие люди. Они любят наслаждаться роскошью жизни и делить ее со своими партнерами. Они не эгоистичны и чувствуют себя уверенно, когда находятся в стабильных отношениях.

Лев с асцендентом Тельца иногда очень привязан к традициям и склонен к консерватизму.

Дева - Асцендент Тельца

Асцендент Девы в Тельце отличается скрупулезностью и практичностью. Эти люди трудолюбивы и умны.

В трудовой сфере они стремятся к тому, чтобы все их задачи были выполнены, если они занимают рабочее место, на котором могут развивать свои навыки.

В любви они ласковы и не стесняются проявлять ее в ласках и проявлениях доброты. Они любят проводить время с партнером.

Иногда они могут оказаться перегруженными работой, не имея времени на развлечения. Они могут жить неудовлетворенными, потому что не умеют отличать нужные обязанности от ненужных.

Весы - Асцендент Тельца

Это зодиакальное сочетание накладывает свой отпечаток на все, что они делают, благодаря качеству, которым пронизано все, к чему они прикасаются. Это люди, ценящие красоту и искусство.

Эти люди играют роль посредников, или примирителей, и являются очень хорошими руководителями.

С точки зрения любви, Весы с асцендентом Тельца верны и получают максимальное удовольствие от всех романтических моментов, проведенных с партнером.

Иногда Телец может поощрять нерешительность Весов, создавая у них впечатление, что они хотят что-то сделать, но не могут, или чувствуют себя парализованными.

Скорпион - Асцендент Тельца

Скорпион с Асцендентом в Тельце - эгоцентричные и упрямые люди, хотя эти личности глубоко заботливы.

Скорпион-Асцендент Телец любит, чтобы его сопровождали и разделяли отношения, которые служат развитию и умиротворению его темперамента.

В рабочей сфере это объективные и воинственные люди, использующие свою интуицию для достижения поставленных целей.

В отношениях они соблазнительны, любят доминировать и манипулировать. Они очень сексуальны, страстны и ревнивы.

Иногда эти люди любят провоцировать конфликты.

Стрелец - Асцендент в Тельце

Стрелец с асцендентом Тельца любит учиться и применять на практике все, что узнает. При таком сочетании знаков прагматизм Тельца помогает заблуждающемуся Стрельцу.

В сфере работы они любят участвовать в крупных проектах, особенно личного характера. Они любят роскошь и наслаждаются жизнью.

Они очень страстные люди и обладают магнитом, притягивающим других людей. Для них важна любовь, они любят проводить приятные минуты с близкими, наслаждаться застольями и вечеринками.

Иногда они могут быть жадными.

Козерог - Асцендент в Тельце

Козерог с асцендентом Тельца отличается благоразумием, зрелостью, настойчивостью и упорством. Эти два знака усиливают качества друг друга.

Эти люди всегда стремятся прожить жизнь разумно, действуя, когда это необходимо для достижения своих целей. Кроме того, это люди с большим стремлением к получению знаний.

На работе они чрезвычайно организованны и практичны, имеют высокие идеалы.

В сентиментальных отношениях они испытывают большую любовь и симпатию к тем, кого любят. Им необходимо чувствовать себя уверенно в отношениях, и если они влюблены, то верны своему партнеру.

Водолей - асцендент Тельца

Телец Асцендент Водолей, это объективные и практичные люди. Такое сочетание знаков благоприятствует тому, чтобы люди с легкостью достигали своих целей.

На работе их ценят и они могут стать отличными руководителями.

В любви они честны и склонны идеализировать людей, с которыми делят свою жизнь. Обычно они ревнивы, что затрудняет отношения с ними.

Водолей с Асцендентом в Тельце любит отношения и сделает все возможное, чтобы составить компанию.

Если они выходят из-под контроля, то становятся взрывными и неконтролируемыми.

Рыбы - Асцендент Тельца

Асцендент Рыб в Тельце, это очень отзывчивые и сопереживающие люди. Они отличаются воображением и творческими способностями.

Это магическое сочетание благоприятствует любви, вежливости и ласке с теми, кого они любят. Окружающие будут чувствовать себя хорошо в их обществе.

Они сентиментальны и никогда не пренебрегают материальной стороной жизни.

В профессиональной сфере они отличаются новаторством и всегда ориентированы на будущее. Им нравится работать в группах или с общественностью.

В любви они ласковы, впадают в искушения и излишества.

Иногда они идеалисты, что мешает им иметь здоровые отношения или инициировать отношения, поскольку они не соответствуют их ожиданиям.

Об авторах

Помимо астрологических знаний, Алина Руби обладает богатым профессиональным образованием, имеет сертификаты по психологии, гипнозу, Рейки, биоэнергетическому исцелению кристаллами, ангельскому целительству, толкованию снов, а также является духовным инструктором. Руби обладает знаниями в области геммологии, которые она использует для программирования камней или минералов и превращения их в мощные амулеты или талисманы защиты.

Руби отличается практичностью и нацеленностью на результат, что позволило ей обладать особым, интегративным видением нескольких миров, способствующим решению конкретных проблем. Алина пишет ежемесячные гороскопы для сайта Американской ассоциации астрологов; их можно прочитать на сайте www.astrologers.com.

В настоящее время он ведет еженедельную колонку в газете El Nuevo Herald на духовные темы, которая выходит каждое воскресенье в цифровом формате и по понедельникам в печатном. Ведет также программу и еженедельный "Гороскоп" на YouTube-канале этой газеты. Ее астрологический ежегодник ежегодно публикуется в газете "Diario las Américas" под рубрикой Rubi Astrologa.

Руби написала несколько статей по астрологии для ежемесячного издания "Today's Astrologer", вела занятия по астрологии, Таро, чтению по ладони, исцелению кристаллами и эзотерике. На ее канале в YouTube еженедельно выходят видеоролики на эзотерические темы: Rubi Astrologa. Она вела собственное астрологическое шоу, которое ежедневно транслировалось на канале Flamingo T.V., давала интервью нескольким теле- и радиопрограммам, ежегодно выпускает "Астрологический ежегодник" с гороскопом по знакам и другими интересными мистическими темами.

Она является автором книг "Рис и бобы для души", часть I, II и III, сборника эзотерических статей, изданных на английском, испанском, французском, итальянском и португальском языках. "Деньги для всех карманов", "Любовь для всех сердец", "Здоровье для всех тел", Астрологический ежегодник 2021, Гороскоп 2022,

2023, 2024. *Ритуалы и заклинания для успеха в 2022, 2023 и 2024 годах. Заклинания и секреты, астрологические уроки, ритуалы и амулеты 2024 года и китайский гороскоп 2024 года - все это доступно на пяти языках: английском, итальянском, французском, японском и немецком.*

Руби прекрасно владеет английским и испанским языками, сочетая в своих выступлениях все свои таланты и знания. В настоящее время она проживает в Майами, штат Флорида.

*Более подробную информацию можно получить на **сайте** www.esoterismomagia.com.*

Алина А. Руби - дочь Алины Руби. В настоящее время она изучает психологию в Международном университете Флориды.

С детства интересовалась всеми метафизическими и эзотерическими темами, с четырех лет занималась астрологией и каббалой. Обладает знаниями в области Таро, Рейки и геммологии. Она является не только автором, но и редактором, вместе со своей сестрой Анжелиной А. Руби, всех книг, изданных ею и ее матерью.

За дополнительной информацией обращайтесь к ней по электронной почте: **rubiediciones29@gmail.com.**

www.ingramcontent.com/pod-product-compliance
Lightning Source LLC
Chambersburg PA
CBHW060117120726
48003CB00009B/2669